THE
PRATIJNAYAUGANDHARAYANA
OF
BHASA

Owing to the antiquity and rarity of this book, certain pages are regrettably absent, and readability is compromised due to the blurring of the original text. If you possess any insights regarding the availability of these missing sections, kindly inform us. Your assistance is crucial in ensuring the completion of this significant work for the benefit of future generations.

THE
PRATIJNAYAUGANDHARAYANA
OF
BHASA

EDITOR

PANDIT T. GANAPATI SASTRI

GYAN

Published by

Gyan Publishing House
5, Ansari Road
Daryaganj, New Delhi-110002
Phone: 011-47034999, 9811692060
E-mail: books@gyanbooks.com

Distribution Network
gyanbooks.com
India, USA, Canada, UK, Australia

ISBN: 978-93-6780-364-6 (HB)

First Published, 1920

2nd Impression 2024

Printed at: Gyan Press, Delhi.

THE PRATIJNAYAUGANDHARAYANA OF BHASA
Editor: PANDIT T. GANAPATI SASTRI

THE
PRATIJNÂYAUGANDHARÂYANA

OF

BHÂSA

WITH THE COMMENTARY

MAHÂMAHOPÂDHYÀYA

PANDIT T. GANAPATI SÂSTRÎ

PRINTED AT

THE 'SRIDHARA' PRINTING HOUSE, TRIVANDRUM.

1938

॥ श्रीः ॥

प्रतिज्ञायौगन्धरायणं

महाकविश्रीभासप्रणीतम्

महामहोपाध्याय

तरुवै. गणपतिशास्त्रिणा

प्रणीतया व्याख्यया

समेतं

(एतद्ग्रन्थविषयाः सर्वेऽधिकाराः व्याख्यातारमन्वायत्ताः ।)

मूल्यं सार्धरूप्यकम् ।

अनन्तशयने श्रीधराख्यमुद्रणयन्त्रालये मुद्रितम् ।

INTRODUCTION.

This is a revised edition of Partijnayaugandharayana, issued in a more authentic form, as a result of the comparison of the original with another old manuscript of the play obtained from Mr. Nilakantan Chakyar of Manganam. Also, necessiated by the grandeur of the play, a Sanskrit commentary of my own has been added. In this drama, the poet has very artistically handled the cunning capture of Vatsaraja by King Pradyota and the subsequent devices of the minister Yaugandharayana to achieve the escape of his king Vatsaraja with Vasavadatta, Pradyota's daughter.

Bhamaha in the fourth chapter of his Kavyalankara illustrates Nyayvirodha as follows :—

"विजिगीषुमुपन्यस्य वत्सेशं वृद्धदर्शनम् ।
तस्यैव कृतिनः पश्चादभ्यधाच्चारशून्यताम् ।।
अन्तर्योधशताकीर्णं शालङ्कायननेतृकम् ।
तथाविधं गजच्छद्म नाज्ञासीत् स स्वभूगतम्
यदि वोपेक्षितं तस्य सचिवैः स्वार्थसिद्धये ।
अहो नु मन्दिमा तेषां भक्तिर्वा नास्ति भर्तरि ।।
शरा दृढधनुर्मुक्ता मन्युमद्भिररातिभिः ।
मर्माणि परिहृत्यास्य पतिष्यन्तीति कानुमा ।।
हतोऽनेन मम भ्राता मम पुत्रः पिता मम ।
मातुलो भागिनेयश्च रुषा संरब्धचेतसः ।।
अस्यन्तो विविधान्याजावायुधान्यपराधिनम् ।
एकाकिनमगण्यान्यां न हन्युर्बहवः कथम् ।।
नमोऽस्तु तेभ्यो विद्वद्भ्यो येऽभिप्रायं कवेरिमम् ।
शास्त्रलोकावपास्यैव नयन्ति नयवेदिनः ।।
सचेतसो वनेभस्य चर्मणा निर्मितस्य च ।
विशेषं वेद बालोऽपि कष्टं किन्नु कथं नु तत् ।।"

The subject reviewed by Bhamaha above, is seen in its entirety in Pratijnanatika. Moreover the Prakrit passage 'अणेण मम

भादा हदो अणेण मम पिदा अणेण मम सुदो in the first Act of Pratijnanatika is quoted in the form of verse 'हतोऽनेन मम भ्राता मम पुत्रः पिता मम ।' by Bhamaha in his enquiry on Nyayavirodha. The name itself of the Natika is not mentioned by Bhamaha probably on account of the Natika having been well known in his days.

The defects pointed by Bhamaha in Pratijnanatika to which we have already referred may be explained.

Bhamaha considers it extremely improbable that such an illustrious King as Vatsaraja would have been unaware of his enemies' stratagem in resorting to the fictitious elephant, either through the absence of spies or the negligence of his ministers; or that he would not have been murdered by his infuriated enemies, while he was alone and had fallen into their hands or that he could not have distinguished a fictitious elephant by day. The first statement does not require any serious refutation, for it is quite possible that even a far-sighted king, with all his spies and efficient ministers, in his great eagerness for elephant—hunt, might disregard his ministers' advice and proceed alone in haste.

Again a prudent and generous-minded minister like Salankayana could well have prevented the attempted murder of Vatsaraja on the grounds that it would be more pleasing to his lord if such a valiant and honourable foe could be taken captive and that it would be a very mean act to kill a captive who was already stupified by blows. It must be, for these reasons, that Bhamahacharya refers to the fictitious elephant as the last ground of his objections; but on a minute examination, even this is of no account, for in Pratijnanatika, Hamsaka in reference to the deception practised upon Vatsaraja speaks :—

"तदो दिउणं विअ अद्धाणं गच्छिअ साळज़ुक्खच्छाआए सवण्णगहणिळदाए परुब्भासिदेहि असरीरविणिक्खित्तेहि विअ दन्तजुअळेहि सूइदो थणुसदमत्तेण विअ दिट्ठो सो दिव्ववारणपडिच्छन्दो'

It is clear from the above passage that the place where the fictitious black elephant was posted, was covered with such a dense forest of Sala trees that it was hardly possible to distinguish an elephant. While even the existence of the elephant was left to be inferred only through the tusks, it were hardly likely to conceive even by day, that it might possibly be a fictitious one. It is, however, clear from Pratijnanatika that Vatsaraja's elephant-hunt must have taken place about midday. From this, Bhamaha concludes that, however dense the trees might be, even there, darkness cannot co-exist with mid-day light, that it is thus impossible that an elephant could not be distinguished owing to the density of the sala trees; and that such a statement is a mere exaggeration. On the other hand it seems to us that actual experience shows that there could be total darkness on account of the density of the sala trees, in spite of broad day-light.

Vishnugupta (alias Chanakya or Kautalya) the great propounder of politics, a contemporary of Chandragupta is known to have lived in the fourth century B. C. In his Kautiliya Arthasastra, where he tells us how on the eve of war, ministers and priests should breathe spirit and enthusiasm into soldiers, he observes, तुल्यवेतनोऽस्मि, भवद्भिः सह भोग्यमिदं राज्यं, मयाभिहितः परोऽभिहन्तव्यः इति, वेदेष्वप्यनुश्रूयते—समाप्तदक्षिणानां यज्ञानामवभृथेषु 'सा ते गतिर्या शूराणामि'ति, अपीह श्लोकौ भवतः—

'यान् यज्ञसङ्घैस्तपसा च विप्राः स्वर्गैषिणः पात्रचयैश्च यान्ति ।
क्षणेन तानप्यतियान्ति शूराः प्राणान् सुयुद्धेषु परित्यजन्तः ॥
'नवं शरावं सलिलैः सुपूर्णं सुसंस्कृतं दर्भकृतोत्तरीयम् ।
तत् तस्य मा भून्नरकं च गच्छेद् यो भर्तृपिण्डस्य कृते न युध्येत् ॥'

इति मन्त्रिपुरोहिताभ्यामुत्साहयेद् योधान् ॥'

The substance of the passage is that to the brave is reserved a happy end; those who lose their life in battle attain that which is won by long penances and sacrifices. The victorious are ever honoured on earth but he who shrinks from fighting for the royal master by whom he is fed is a sinner destined for hell. The sloka 'नवं शरावं' which is quoted above is found in the fourth Act of Pratijnayaugandharayana addressed to soldiers to stimulate them to fight. Now we have to see whether this sloka is borrowed from the Natika by the author of Arthasastra or the other way. When a minister out of policy addresses soldiers on the nobility of death in battle and the sinfulness of shrinking from fighting in the cause of one's master, his words are not likely to be credited, unless backed by authority. Hence the first quotation 'सा ते गतिर्या शूराणां' from the sacred Sruti. This is followed by two slokas which read as cited from a source which, in importance, is of equal force with the Smritis. Consequently the sloka 'नवं शरावं' could not be the words of the author of Arthasastra; for the simple reason that in his anxiety to cite authorities, he would never quote his own words and that the sloka coming after a quotation from Sruti must also be an equally authoritative quotation borrowed from some other source and not his own. Further the fact that it immediately follows another quotation also proves it to be a quotation. For the previous sloka 'यान् यज्ञसङ्घैः' is obviously a quotation as the word to which both यान् and तान् refer is not in the sloka, but has to be gathered as shown by the construction, from the passage preceding it in the work from which it is quoted. Again Kautalya introduced the two slokas with 'अपीह श्लोकौ भवतः' (meaning 'here are the two slokas on the subject') which he never does in case of his own slokas. Such a statement has significance only as referring to a quotation. Further in Kavyas, the authors having an easy and graceful command over words express their ideas, scientific or popular, naturally in their own words. But if ever they quote from others' works they do with an unmistakable indication. As there is no such indication in Partijnayaugandharayana, in the case of the sloka 'नवं शरावं' I should think it is Bhasa's own sloka quoted by Chanakya, the author of the Arthasastra. Thus we see our Bhasa's priority to Chanakya. In fact, we have placed Bhasa even before Panini on the strength of many archaisms (आर्षप्रयोगाः) and other reasons. Vide introduction to the Pratimanataka.

TRIVANDRUM, **T. Ganapati Sastri.**

कथावस्तु ।

अर्जुनसूनोरभिमन्योः पञ्चविंशः सन्तानः वासुकिभ्रातृवसुनेमिदत्तघोषवत्याख्यवीणागान्धर्वनिपुणो गजवशीकरणविद्याविचक्षणो यो वत्सराज उदयनो नाम, तमवन्तीश्वरः प्रद्योतः वासवदत्तायाः स्वकन्यायाः पतिं चिकीर्षुः कुलरूपवयोविद्याशौर्यादिगुणप्रकर्षावज्ञातसकलराजकमृजुनोपायेन प्रवणयितुमक्षमः कदाचित् स्वपरराज्यसीमोपान्ते मृगयावशान्नागवनं गतं कृत्रिमनीलगजप्रदर्शनेन च्छलयित्वा निस्सहायं ग्राहयित्वा स्वान्तःपुरे कञ्चिदवरुध्य वासवदत्ताया वीणाशिक्षणकर्माणि नियुक्तवान् । अथ तद्वशाद् गुरुशिष्ययोः सर्वप्रकारपरस्परानुरूपयोर्दूरमुपचिते रहःप्रणये गुरुः स्वमन्त्रियौगन्धरायणप्रयुक्तनीतिमहिम्नावरोधान्मुक्तपूर्वः स्वप्रेयस्या वासवदत्तया सह तदौपवाह्यभूतां हस्तिनीं भद्रवतीमधिरूढ प्रद्योतमनादृत्य महता वेगेन वत्सान् प्रत्यापन्न इति तावदिह कथासारः ।

तत्र 'वनगजप्रच्छादितशरीरं नीलहस्तिनमुपन्यस्य प्रद्योतो वत्सराजं छलयितुकामः' इति वार्तां चारमुखाच्छ्रुतां वत्सराजाय पूर्वमेव मृगयार्थं वनगताय निवेदयितुं सद्यः पुरुषप्रेषणं त्वरयता यौगन्धरायणेन 'वत्सराजो यथानिश्चितदिवसपूर्वदिवस एव चापलान्नागवनं गतः शत्रुभिश्छलयित्वा गृहीतश्च' इत्येतस्य वृत्तान्तस्य वत्सराजानुचराद्धंसकात् तत्कालागताद् विज्ञानं, 'यौगन्धरायणं पश्ये'त्येवंरूपस्य विपद्गतस्वाम्यादेशस्य हंसकाय दत्तस्य श्रवणम्, 'आनयतु मम पुत्रकं पुत्रकः' इति प्रार्थनस्य स्वामिजननीसकाशादधिगमनं, स्वामिबन्धमोचनप्रतिज्ञानं, बहुप्रकारच्छलप्रयुयुक्षोरात्मनः शत्रुनगरे चरिष्यतः स्वरूपप्रच्छादने समीहितकार्यसाधने च परमानुकूलस्य उन्मत्तवेषोपकरणस्य भगवद्बादरायणप्रसादीकृतस्य लाभः, यौगन्धरायणस्य स्वामिमोचनार्थयत्नारम्भोन्मुखत्वम् इति प्रथमाङ्के वस्तु ।

प्रद्योतस्य वासवदत्ताप्रदानं प्रति अङ्गारवत्या स्वपत्न्या सह वरनिर्धारणविषयो विमर्शः, वनगृहीतवत्सराजसहितस्य प्रद्योतमन्त्रिणः शालङ्कायनस्य उज्जयिनीप्राप्तिः तया प्रद्योतस्य परम आमोदः, वत्सराजस्य ससत्कारमन्तःपुरेऽवरोधनं, वत्सराजवीणाया घोषवत्याः प्रद्योतायोपहरणं, प्रद्योतेन तस्याः स्वसुतायै दानाध्यवसायः, वरनिर्धारणस्य वत्सराजवरत्वघटनप्रत्याशया कालान्तरकरणीयत्वनिर्णय इति द्वितीयेऽङ्के वस्तु ।

अथ यौगन्धरायणचिकीर्षितत्वेन प्रथमाङ्कशेषे सूचितानां प्रयत्नानां विशेषाकारास्तृतीयेऽङ्के प्रकाश्यन्ते । **यौगन्धरायणः** किल भगवद्वादरायणप्रसादलब्धैस्तत्परिच्छदविशेषैरुन्मत्तानुरूपैः प्रच्छादितस्वरूपःश्रमणकव्यञ्जनेन **रुमण्वता** वत्सराजवयस्येन च डिण्डिकवेषभाजा **वसन्तकेन** सहायाभ्यां साकमुज्जयिनीं प्राप्तः ; वेषप्रत्ययान्निरङ्कुशं तस्यां पर्यटंस्तथा पर्यटद्भ्यामन्याभ्यां सह शून्ये क्वचित् सङ्केतेन संहृत्यान्वहं मन्त्रं मन्त्रयामास ; स्वामिसन्दर्शनसम्भाषणादिकं साक्षाद् वा सहायद्वारेण वा समयेषु लेभे ; कार्यापेक्षितान् कांश्चित् प्रद्योतभृत्यान् इष्टार्थदानैः स्ववशवर्तिनश्चकार ; सहायकर्मकालप्रतीक्षणपरान् निजभटान् बहून् काणखञ्जादिरूपच्छलचारिणः प्रद्योतभृत्यच्छद्माश्रयांश्च कृत्वा तत्र वासयामास । वत्सराजग्रहणसिद्धिनिमित्ताद् गर्वान्निस्सपत्नभावविस्रम्भाच्च नैश्चिन्त्यसुखवश्यतामुपगतेषु प्रद्योत–शालङ्कायन–भरतरोहकेष्वीदृशाश्छलप्रयोगा यौगन्धरायणस्य न दुष्करा बभूवुः ! इत्थं सर्वतः संविहितात्मात्मीयपरिरक्षेण यौगन्धरायणेन जातु कश्चिदर्थः सम्मन्त्र्य निर्णीतः । यथा —यः स महाबलो नलागिरिर्नाम प्रद्योतस्य प्रियतमो गजेन्द्रः, तस्य नानाविधमदसाधनसंविधानैर्मदमुपजनयिष्यामः । तेनाकाण्डमदोदयदुर्धर्षतां प्राप्तं तं गजतदन्यप्राणिव्यापत्तिपरिहारेण क्षिप्रं दमयितुं प्रद्योतो गजवशीकरणविद्याविशारदं वत्सराजमवश्यं शरणमुपगमिष्यति । ततः शत्रोरनुमत्यैव स्वामी बन्धनान्निष्क्रम्य वीणां घोषवतीं हस्तगतां कृत्वा नलागिरिं च स्वाधीनं विधाय तस्मिन् व्यवस्थितासनः पश्यत्सु शत्रुषु अनन्यानुगम्येन महत्तमेन वेगेन तं वाहयन् तत्कालोत्थितशत्रुभटप्रतिग्रहव्यग्रैर्झटितिविवृतात्मभिः स्वैर्गूढभटैश्चिन्त्यमानपृष्ठः कौशाम्बीं गन्तुमर्हतीति । तमेनमर्थं स्वामिने निवेद्य तस्मात् प्रतिसन्देशमादाय प्रत्यागतस्य डिण्डिकवसन्तकस्य प्रवेशः, यौगन्धरायणरुमण्वद्भ्यां सह क्वचिच्छून्ये देवालये मन्त्रणाय समागमः, वत्सराजस्य वासवदत्ताकामुकत्वं तेनात्मन एकाकिनः कौशाम्बीप्रयाणं यथोक्तमरोचयमानस्य सहैव वासवदत्तया कर्तुमिच्छां च वसन्तकमुखाद् विज्ञाय मन्त्रिणोर्व्याकुलीभावः, ततो यौगन्धरायणस्य वासवदत्तासहितवत्सराजहरणप्रतिज्ञानम् इतीदृशा अर्थाश्चतुरोदारसंवादभङ्गिभेदसुभगं तृतीयाङ्के प्रतिपादिताः ।

अथ यथोक्तमन्त्रनिश्चयानुरोधेन वत्सराजस्य वासवदत्तया सह भद्रवतीमधिरुह्य कौशाम्बीप्रयाणं, प्रस्थितवत्सराजानुधावनोद्यतानां प्रद्योतसैन्यानां यौगन्धरायणेन यथासङ्केतनिर्धावितोपसृतनिजगूढभटशतसहायेन समारब्धयुद्धेन प्रतिरोधनं, यौगन्धरायणस्यायुधविपत्त्या शत्रुवशप्राप्तिः, स्वमनोरथसिद्धिसन्तुष्टस्य

न्याय्यधीरोदारचतुरभाषिणो यौगन्धरायणस्य तं प्रत्यपराधानुद्भावयतो भरतरोहकस्य च चित्रः संवादः, प्रद्योतेन स्वदुहितृवत्सराजयोर्गान्धर्वविवाहं निर्वृत्तं मत्वा तयोश्चित्रफलकस्थयोर्विवाहविध्यनुष्ठापनं यौगन्धरायणाय च पारितोषिकभृङ्गारदानसत्कार इत्येतावदर्थजातं चतुर्थेऽङ्के वस्तु ।

तत्र वासवदत्तायाः स्वजनं परित्यज्य वत्सराजानुयानं प्रत्यनुकूलतायां कारणं वत्सराजगोचरा परमानुरक्तिः । सा कथं तस्याः प्ररूढेत्याकाङ्क्षायां तदुपपादकं कौशाम्बीप्रयाणपूर्ववृत्तं किमपि निरूपणीयम् । तत् पुनरीदृशं भवति—यत्तद वत्सराजबन्धमोचनं कौशाम्बीप्रयाणमिति साध्यद्वयं, तत्रोत्तरं वासवदत्ताहरणसौकर्यकालप्रतीक्षयानागतार्थं प्रकल्प्य बन्धमोचनमात्रं यथानिश्चिते काले नलागिरिचित्तोद्भ्रान्त्युत्पादनयुक्त्या साधितम् । तदस्वास्थ्यपरिहरणपरमोपकारिणं च वत्सराजं कृतज्ञत्वात् प्रद्योतः पुनर्बन्धनमनीत्वैव स्वगृहेऽवरुरोध ; परितुष्टश्च तं गान्धर्वविद्यापारगं वीणाभ्यासव्यसनिन्याः स्वसुतायास्तदुपदेशदेशिकमग्निसाक्षिकं चकार । अथानुवर्तमाने वीणोपदेशे वासवदत्ताया वत्सराजेऽनुरागस्तावत् तद्गुणसौभाग्यसाक्षात्कारादङ्कुरितः पूर्वानुरागिणा तेन सहानवरतसान्निकर्षात् परिचयप्रचयाद् गुरुशिष्यभावविस्रम्भनित्यसुलभाद् विविक्तावस्थानाद् अङ्गारवत्यानुकूल्याच्च परां कोटिमाधिरूढः । तयोर्निर्वृत्तगान्धर्वविवाहयोर्गतेषु कतिपयेष्वहोरात्रेषु वत्सराजो वासवदत्तया सह कौशाम्बीं प्रयातुं तदनुमतेन कमपि दिवसं निर्दिदेश ; भद्रवतीं च नलागिर्यन्यूनबलवेगां स्वायत्तत्वात् प्रयाणे वाहनीकरणीयां निश्चिकाय; तच्चैतदात्मनोऽध्यवसायरहस्यं वसन्तकद्वारेण यौगन्धरायणं पुरमोपुररक्षिपुरुषानुकूल्यसंविधानदक्षं ग्राहयामासेति । तदिदं सवासवदत्तवत्सराजनिर्गमोक्तिसामर्थ्याद्, "यद्येवं नलागिरिग्रहणार्थं विमुक्तश्चेत्, न पुनर्बद्धस्ते स्वामी" "यदग्निसाक्षिकं महासेनस्य दुहितरं शिष्यां प्रतिगृह्यादत्तापनयनं कृतम्" इत्येवमादिभरतरोहकादिवाक्यसामर्थ्याच्च गम्यम् ॥

पात्राणि ।

पुरुषाः—

यौगन्धरायणः	=	वत्सराजस्य प्रधानमन्त्री ।
सालकः	=	यौगन्धरायणस्य पुरुषः ।
निर्मुण्डकः	=	तथा ।
हंसकः	=	वत्सराजस्य नित्यासन्नः परिजनः ।
ब्राह्मणः	=	यौगन्धरायणस्य सुहृत् ।
काञ्चुकीयः	=	महासेनस्य राज्ञः कञ्चुकी ।
राजा	=	महासेनापरनामा वासवदत्तायाः पिता प्रद्योतः ।
विदूषकः	=	वत्सराजस्य वयस्यो वसन्तकाख्यः ।
उन्मत्तकः	=	उन्मत्तवेषो यौगन्धरायणः ।
श्रमणकः	=	तद्वेषो रुमण्वान् नाम वत्सराजस्य सचिवः ।
रुमण्वान्	=	तदाख्यो वत्सराजस्य सचिवः ।
भटः	=	महासेनस्य भृत्यः ।
गात्रसेवकः	=	वासवदत्तावाहनभूतभद्रवतीपरिचारकः ।
साधारणौ	=	महासेनभटौ ।
भरतरोहकः	=	महासेनस्य मुख्यो मन्त्री ।

स्त्रियः—

विजया	=	वत्सराजगृहे प्रतिहारी ।
देवी	=	अङ्गारवती नाम महासेनस्य महिषी ।

॥ श्रीः ॥

श्रीगणेशाय नमः ।

महाकविश्रीभासप्रणीतं

प्रतिज्ञायौगन्धरायणं

महामहोपाध्याय गणपतिशास्त्रिप्रणीतया व्याख्यया समेतम् ।

(नान्द्यन्ते ततः प्रविशति सूत्रधारः ।)

सूत्रधारः—

पातु वासवदत्तायो महासेनोऽतिवीर्यवान् ।
वत्सराजस्तु नाम्ना सशक्तियौगन्धरायणः ॥ १ ॥

वन्देऽहं विघ्नराजं च वाग्देवीं च पुनः पुनः ।
पूर्यन्ते यत्कृपालेशान्मङ्क्षु नम्रमनोरथाः ॥
ग्रन्थानां ये सुवर्णानामकर्कशमनीरसम् ।
तन्वन्ति निकषं चेतस्ते जयन्ति सचेतसः ॥
श्रीभासरूपकस्तोमे मया रससरस्वति ।
व्याख्या प्रतिज्ञाभिख्याया नाटिकायाः प्रणीयते ॥

अथ श्रीवाल्मीकिव्यासदेश्यस्तत्रभवान् श्रीभासः प्रतिज्ञायौगन्धरायणाभिधानां रङ्गप्रयोगप्रधानां नाटिकां चिकीर्षुस्तदारम्भे प्रयोगसम्यङ्निष्पत्त्यादिपरिपन्थिदुरितप्रशमौपयिकं पूर्वरङ्गप्रधानाङ्गं मङ्गलश्लोकपाठम्, उपक्रम्यमाणप्रयोगस्य कथावस्त्वंशस्य निवेदनं च प्रयोगनिर्वाहधूर्वहेण सूत्रधारेण रङ्गे प्रथमसमाचरणीयं पश्यन् सूत्रधारस्य प्रवेशं तावद् आह— नान्द्यन्ते ततः प्रविशति सूत्रधार इति। नन्दिरानन्दः तस्या इयं नान्दी गीतवाद्यवादनादिक्रिया, तस्या अन्ते । सा हि प्रयोगारम्भे देवतापरिषदानन्दार्थानुष्ठीयते । यद्यप्युक्तव्युत्पत्त्या देवस्तावकमङ्गलश्लोकपाठोऽपि नान्दी भवति, तथापि सा श्लोकनान्दी सत्काव्यरूपत्वाद् रङ्गप्रयोगयोग्या रङ्ग एव प्रयोक्ष्यत इति तदतिरिक्तैव नान्दीह ग्राह्या । ततः तदनन्तरं नान्दीपरिसमाप्त्यव्यवहितोत्तरकाल इत्यर्थः । सूत्रं प्रयोगानुष्ठानं तद् धारयति निर्वाहयतीति सूत्रधारः । प्रविशति अर्थाद् रङ्गम् ॥

प्रविष्टः सूत्रधारो मङ्गलमाचरति—पात्विति। वासवदत्तायः वासवाय इन्द्राय वासवस्य वा दत्तः अयः शुभावहो विधिः आयो लाभो वा, अर्थात् तारकासुरवधद्वारिका रक्षा येन स तथा। तारकासुरनिग्रहे सैनापत्यमङ्गीकृत्येन्द्रं रक्षितवानिति कथा स्कान्दे सुप्रसिद्धा। अतिवीर्यवान् अतिशयेन वीरः। नाम्ना तु व्यपदेशेन तु वत्सराजः वत्सो बालश्चासौ राजा च वत्सराजः। गणपतिर्हि अस्य ज्येष्ठो ज्येष्ठराज इति वेदे व्यपदिष्टः—"गणानां त्वा गणपतिं हवामहे कविं कवीनामुपमश्रवस्तमम्। ज्येष्ठराजं ब्रह्मणां ब्रह्मणस्पत आ नः शृण्वन्नूतिभिः सीद सादनम्॥" इति। अतः कनिष्ठ औचित्याद् वत्सराज इतीह व्यपदिश्यते। सशक्तिः शक्त्या आयुधविशेषेण सह वर्तत इति सशक्तिः। यौगन्धरायणः युगन्धरस्य मिथुनरूपधारिणः शिवस्यापत्यं पुमान्। नडादित्वात् फक्। गोत्रापत्यत्वं चौपचारिकम्। अथवा युगन्धरः पर्वतविशेषः साल्वावयवो देशविशेषो वा, युगन्धरस्य सम्बन्धि यौगन्धरम् अयनं निलयो यस्य सः युगन्धरक्षेत्रप्रतिष्ठित इत्यर्थः। असंज्ञायामपि णत्वं परायणमितिवत्। महासेनः स्कन्दः। पातु रक्षतु। अर्थाद् रूपकप्रयोक्तृनस्मान् रूपकप्रेक्षकान् सामाजिकांश्च। रक्षणं चेह प्रकृतरूपकप्रयोगतत्प्रेक्षणरूपस्वस्वाभीष्टसिद्धया योजनम्। एतदेव मङ्गलं तन्त्रेण ग्रन्थविघ्नविघाताद्यर्थमपि भवतीति सर्वविधमङ्गलसिद्धिः। 'अयः शुभावहो विधिः' इत्यमरः।

अत्र श्लेषघटितैः वासवदत्ता-महासेन-वत्सराज-यौगन्धरायणशब्दैस्तन्नामकपात्राणां मुद्रालङ्कारभङ्गया सूचनात् तत्सम्बद्धामिह कथावस्तु प्रतिपाद्यमिति द्योतितम्। एषा ह्यत्र कथा—वत्सराजमुदयनं नाम गजमृगयाप्रसक्तं महासेनेन प्रद्योतापरनाम्नावन्तीश्वरेण कृत्रिमनीलहस्तिच्छद्मोपायप्रयोगेण नागवनादपहृत्य उज्जयिन्यामन्तःपुरेऽवरुद्धं तद्दुहितुर्वासवदत्ताया वीणाशिक्षणे नियुक्तं तस्यां चोपचितप्रणयं वसन्तं वत्सराजमन्त्री यौगन्धरायण उन्मत्तवेषच्छन्नः आत्मसमानाश्रयाभ्यां रुमण्वद्वसन्तकाभ्यां छन्नवेषाभ्यामनुसृतः प्रद्योतभटैरात्मविधेयैर्दत्तसाहाय्योऽवरोधनान्मोचयामास, वासवदत्तां च स्वस्वामिना हारयामासेति।

किञ्च, सूचितेषु पात्रेषु नायकत्वकार्यनिर्वाहकत्वाभ्यां प्राधान्यमुपगतयोर्वत्सराजयौगन्धरायणयोरवस्थाविशेषोऽपि विशेषणयोजनयात्र व्यञ्जयितुं शक्यः। तद्यथा—वत्सराजः, नाम्ना तु नाम्नैव युक्त इति शेषः। बन्धगतत्वेन हेतुना वत्सराजनामधेयमात्रेण युक्तो न तु त्वोचितया शक्त्या युक्त इति भावः। स्वामिनि शक्तिहीने स्वामिशक्तीनाममात्याश्रयणौचित्यादाह—यौगन्धरायणः, सशक्तिः

(परिक्रम्य नेपथ्याभिमुखमवलोक्य) आर्ये ! इतस्तावत् ।

(प्रविश्य)

नटी—(क) अय्य ! इअह्मि ।

सूत्रधारः—आर्ये ! गीयतां तावत् किञ्चिद् वस्तु । ततस्तव गीत-प्रसादिते रङ्गे वयमपि प्रकरणमारभामहे । आर्ये ! किमिदं चिन्त्यते । ननु गीयते ।

(क) आर्य ! इयमस्मि ।

प्रभुमन्त्रोत्साहशक्तियुक्त इत्यर्थः ; अथवा क्रियाशक्तियुक्त इत्यर्थः । तस्यैव हि स्वतन्त्रनीतिनैपुणप्रयुक्ताः क्रियाः स्वस्वामिबन्धमोचनफला इह रूपके प्रधान्येनाभिधीयन्ते, न पुनर्वत्सराजस्य क्रिया काचित् । एवञ्च यदत्र क्रियागन्धविरहिणो वत्सराजस्य सकृदपि प्रदेशो महाकविना न निबद्धः, तदत्यन्तमुचितं वेदितव्यम् । नायकत्वं च वत्सराजस्य यौगन्धरायणारब्धसमग्रक्रियाफलभावत्वादबाधितं द्रष्टव्यम् ॥ १ ॥

आशीःप्रयोगानन्तरमामुखस्यारम्भः । तच्च "सूत्रधारो नटीं ब्रूते मारिषं वा विदूषकम् । स्वकार्यं प्रस्तुताक्षेपि चित्रोक्त्या यत् तदामुखम्" इत्युक्तलक्षणम् । परिक्रम्येत्यादि । नेपथ्यं नाम यत्र स्थित्वा कुशीलवास्तत्तत्पात्रभूमिकाः परिगृह्णन्ति, तत् स्थलं यवनिकाप्रतिच्छन्नान्तरं रङ्गोपश्लिष्टमुच्यते । नेपथ्याभिमुखमवलोकनं तदन्तःस्थितां नटीमाह्वातुम् ॥

आर्ये इति । आर्ये इति नटीं प्रति समुदाचारः । इतस्तावत् इह तावत् । आगम्यतामिति सामर्थ्यगम्यम् । तावत्पदं वाक्यभूषणम् ॥

अय्येत्यादि । अस्मि अहम् । तिङ्प्रतिरूपकमव्ययम् । इयं सन्निहिता । इदमः सन्निकृष्टवाचित्वात् । अथवा इयम् अस्मि अहं सन्निहिता भवामीत्यर्थः ॥

आर्ये इत्यादि । किञ्चिद् यत् किमपि तवाभिरुचितम् । ततः गानानन्तरम् । गीतप्रसादिते गीतेन परितोषिते । वयम् अहम् मद्वर्ग्याश्च । प्रकरणं कथासन्दर्भविशेषम् । आरभामहे प्रयोक्तुमुपक्रंस्यामहे । वर्तमानसामीप्ये लट् । श्रुत्वापि स्ववचनं तूष्णीं स्थितां नटीं चिन्ताकुलामिवालक्ष्याह— आर्ये किमित्यादि । ननु गीयते, ननुशब्दः प्रश्ने । किं त्वया गीयते उत न गीयत इति प्रश्नार्थः ॥

नटी—(क) अज्ज मए सिविणे ञ्आदिकुळस्स अस्सत्थं विअ दिट्ठं । ता इच्छामि अय्येण कुसळविञ्ञाणणिमित्तं कञ्चि पुरुसं पेसिदुं ।

सूत्रधारः—बाढम् ।

पुरुषं प्रेषयिष्यामि व्यक्तमात्महिते क्षमम् ।

(नेपथ्ये)

सालक! सज्जस्त्वम् ।

सूत्रधारः—

(क) अद्य मया स्वप्ने ज्ञातिकुलस्यास्वास्थ्यमिव दृष्टम् । तदिच्छाम्यार्येण कुशलविज्ञाननिमित्तं कञ्चित् पुरुषं प्रेषयितुम् ।

अज्जेत्यादि । ज्ञातिकुलस्य तातकुलस्य अर्थात् पितृसम्बन्धिनो जनस्य । अस्वास्थ्यं अस्वस्थत्वं रोगित्वम् । आर्येण प्रयोज्यकर्त्रा, अथवा आर्येण हेतुना आर्यद्वारेणेत्यर्थः । कञ्चित् पुरुषं प्रेषयितुमिच्छामि, न त्वेतस्मिंश्चिन्तावसरे गातुमिच्छामीत्यर्थः ॥

बाढमिति । बाढमित्यङ्गीकारे ।

पुरुषमिति । व्यक्तं विद्वांसं, वेदितव्यवस्तुकुशलमित्यर्थः । विदुषोऽप्यहितत्वे प्रेषणानर्हत्वादाह—आत्महिते मत्पथ्यानुष्ठाने क्षमं शक्तम् । आत्महितक्षममिति क्वचित् समस्तपाठः । पुरुषं प्रेषयिष्यामि अर्थात् त्वज्ज्ञातिकुलं प्रति । 'व्यक्तं स्पष्टे बुधे तु ना' इति मेदिनी ॥

नेपथ्य इति । प्रवृत्तमिति शेषः, अर्थाद् वक्ष्यमाणं वाक्यम् ॥

तदेवाह—**सालकेति** । हे सालक! त्वं, सज्जः सन्नद्धः किम् । अर्थान्मन्नियोगानुष्ठानाय । इह प्रश्नकाकुः । अयं च नटीसंवादप्रसङ्गोपाक्षिप्तेनार्थेन तत्सरूपं यौगन्धरायणचिकीर्षितसालकाख्याज्ञिघ्नधनिपुणदूतसम्प्रेषणात्मकं नाटिकीयकथावस्तुनोंऽशं प्रथमप्रयोज्यतया सूचितं मन्वानस्य कुशीलवस्य यौगन्धरायणभूमिकाग्राहिणो नेपथ्ये व्याहारो यथासूचितवस्तुप्रयोगसन्नद्धतामात्मनो द्योतयितुम् ॥

पुरुषं प्रेषयत्येष यथा यौगन्धरायणः ॥ २ ॥

(निष्क्रान्तौ।)

स्थापना।

(ततः प्रविशति यौगन्धरायणः सालकेन सह।)

यौगन्धरायणः—सालक! सज्जस्त्वम्।

सालकः—(क) अय्य! अहइं।

(क) आर्य! अथकिम्।

येन नेपथ्ये व्याहृतं, तं पात्रविशेषं रङ्गप्रवेशाभिमुखमात्मोपमानीकरणभङ्ग्योपक्षिपति—पुरुषमिति। एषः सन्निहितः। यौगन्धरायणः, पुरुषं, 'व्यक्तमात्महिते क्षममि'तीहापि सम्बध्यते। यथा प्रेषयति, तथाहं पुरुषं प्रेषयिष्यामीति पूर्वार्धेन सम्बन्धः। प्रयोगातिशयरूपमामुखाङ्गमनेनोक्तम्। यदाह धनिकः—"एषोऽयमित्युपक्षेपात् सूत्रधारप्रयोगतः। पात्रप्रवेशो यत्रैष प्रयोगातिशयो मतः ॥" इति ॥ २ ॥

पात्रविशेषप्रवेशसूचनेन कृतकार्यस्य सूत्रधारस्य नटीसहितस्य निष्क्रमणमाह—निष्क्रान्ताविति। स्थापनेति। यथोक्तकथावस्त्वंशस्य स्थापनात् प्रस्तावनात् स्थापना। सा चामुखमेव। आमुखमित्येव क्वचित् पाठः।

स्थापनायां कविकाव्यनामानुत्कीर्तनं तदुत्कीर्तनसमुदाचारप्रवृत्तिकालादस्य रूपकस्य प्राचीनत्वं गमयति। अस्य रूपकस्य नामधेयं प्रतिज्ञायौगन्धरायणमिति प्रतिज्ञानाटिकेति चावगतं 'प्रतिज्ञायौगन्धरायणं समाप्तम्', 'प्रतिज्ञानाटिकावसिता' इति चादर्शग्रन्थान्तेषु लेखनात्। तत्राद्यं प्रतिज्ञानिर्वाही यौगन्धरायणोऽत्रेति व्युत्पत्त्या सिद्धं; द्वितीयं तु प्रतिज्ञाप्रधाना नाटिकेति व्युत्पत्त्या। अस्य प्रणेता पुनः श्रीभास इति स्वप्नवासवदत्तोपोद्घाते न्यरूपयाम। रसादिकं तु ग्रन्थान्ते निरूपयिष्यामः ॥

अथ सालकाख्यपुरुषसहितस्य यौगन्धरायणस्य प्रवेशः—तत इत्यादि।

प्रेष्यं प्रति प्रेषणोन्मुखहृदयमाह—सालकेत्यादि। सज्जत्वविषयभूतं कार्यमिह शब्दतो नोपात्तं, वक्तृश्रोत्रोः पूर्वतरसंवादवशाद् बुद्धिस्थमेव तदिति कृत्वा। कार्यं तु महाध्वलङ्घनप्राप्ये वेणुवने स्थिताय वत्सराजाय लेखसमर्पणम्। तच्च व्यक्तीभविष्यति ॥

अय्येति। अथकिमित्यङ्गीकारे। अहं सज्जोऽस्मीत्यर्थः ॥

यौगन्धरायणः—महान् खल्वध्वा गन्तव्यः ।

सालकः—(क) महत्तरेण सिणेहेण अय्यं उवचिट्ठामि ।

यौगन्धरायणः—हन्त यास्यति बलवान्, यस्य सौहार्दम् । कुतः,

स्निग्धेष्वासज्यं कर्म यद् दुष्करं स्याद्
यो वा विज्ञाता सत्कृतानां गुणानाम् ।

(क) महत्तरेण स्नेहेनार्यमुपतिष्ठे ।

कार्यदेशं प्रति गन्तव्यस्याध्वनो महत्तामजानतैव किमनेनात्मनः सज्जत्वमुच्यते उत जानतेति सन्देहात् तां ज्ञापयति—**महानित्यादि** । महान् खलु न स्वल्पः । अतस्तमतिश्रमलङ्घनीयं कार्यकालाह्रापेनेन लङ्घयितुमात्मा क्षमो न वेति विमृश्य कार्यमङ्गीकुर्विति भावः ॥

महत्तरेणेति । महत्तरेण अतिमहता । स्नेहेन हार्देन समसुखदुःखत्वप्रयोजिकया चित्तवृत्त्या, न तु भूरिभृतिलोभेन न वा गन्तव्यमार्गाल्पत्वभ्रमेण । आर्यं भवन्तम् । उपतिष्ठे सेवे अर्थात् प्रकृतभवत्प्रियकार्याङ्गीकारेण । अयमभिप्रायः—यद्यपि महान् गन्तव्योऽध्वा, तथापि तदपेक्षया महत्तरः त्वद्विषयः स्नेहस्तल्लङ्घनभाविनं मे महाश्रमं साहयिष्यतीति बुद्धिपूर्वमेव मया कार्यमङ्गीकृतमिति ॥

हन्तेति । यस्य नियोज्यस्य पुरुषस्य । सौहार्दं स्नेहः नियोक्तृविषयः । अस्तीति शेषः । बलवान् कायशक्तियुक्तः । सः, यत्तदोर्नित्यसम्बन्धात् तत्पदाक्षेपः । यास्यति लङ्घयिष्यति । अर्थान्महान्तमप्यध्वानम् । अतः स्निग्धे श्रमसहनशक्तियुक्ते च त्वयि मत्कार्यं निश्शङ्कं निसृष्टमित्यभिप्रायः । हन्तेति शङ्कापगमजनितं सन्तोषं सूचयति । अत्र सौहार्दमित्यस्य स्थाने 'सहार्थं' इति क्वचित् पठ्यते । तदा सहशब्दस्य तुल्यार्थतया तुल्यं प्रयोजनमित्यर्थः । तच्च स्वामिकार्याभिन्नकार्यकत्वरूपं स्नेह एव पर्यवस्यति ॥

नियोज्यनियोक्तृविषयस्नेहापेक्षायां कारणमाकाङ्क्षति—**कुत इति** ।

स्निग्धेष्विति । यत् कर्म, दुष्करं श्रमसाध्यं स्यात्, तत् कर्म, तदित्याक्षेपलभ्यम् । स्निग्धेषु स्नेहवत्सु नियोज्येषु । आसज्यम् आसङ्क्तुं निर्वाह्यतयार्पयितुं योग्यम् । स्नेहवान् हि नियोक्तुः कार्यमगणितश्रमः स्वकार्यनिर्विशेषमनुतिष्ठतीत्यवश्यापेक्ष्यो नियोज्यस्य स्नेह इति भावः । स्निग्धसमानयोगक्षेमं दुष्करस्य कर्मण आसञ्जनस्थानमन्यदपि प्रसङ्गादाह—यः, सत्कृतानां पूजितानां । गुणा-

क्रीतं सामर्थ्यं यस्य तस्य क्रमेण
दैवप्रामाण्याद् भ्रश्यते वर्धते वा ॥ ३ ॥

अथ वेणुवनात् त्रिषु गहनेषु नागवनं श्वः प्रयाता स्वामी प्रागेव सम्भावयितव्यः ।

नाम् आसज्यमानकर्मप्रभवाणां लोकहितानां फलानां । विज्ञाता अभिज्ञः । भवति, तस्मिन् वा नियोज्ये । यत्पदाक्षिप्तस्य तत्पदस्य योग्यतया सम्भ्यन्तता । दुष्करं कर्म आसज्यमिति सम्बध्यते । गुणज्ञो हि नियोक्तर्यस्निग्धोऽपि तदर्पितं कर्म सेत्स्यत्प्रशस्तफलबहुमानादगणितश्रमः स्वीयमिवानुतिष्ठत्येवेत्यवश्यापेक्ष्यं नियोज्यस्य स्निग्धत्वाभावपक्षे गुणज्ञत्वमिति भावः । नियोक्तृकृत्यमुक्त्वा नियोज्यकृत्यसम्बद्धमाह—क्रमेण न्यायेन । क्रीतं नियोक्त्रायत्तीकृतं, नियोक्तृसमर्पिते कर्मणि निरवशेषविनियुक्तमित्यर्थः । यस्य तस्य यस्य वा तस्य वा, स्निग्धगुणज्ञयोर्मध्ये यस्यकस्यापीत्यर्थः । इह यत्तच्छब्दौ सहप्रयुक्तावनियतविशेषवृत्ती 'यथातथा भवत्वि'तिवत् । तत्र हि प्रकारविशेषस्यानियतत्वं प्रतीयते, प्रकारेषु मध्ये यः कश्चित् प्रकारोऽस्त्विति तदर्थात् । अनियमस्फुटीकरणार्थं तु कदाचिदीदृशे विषये वाशब्दोऽपि प्रयुज्यते—'यस्य वा तस्य वा', 'यया वा तया वा' 'यद्वा तद्वा' इति । सामर्थ्यं कर्मकौशलं । दैवप्रामाण्याद् नियोक्तृभाग्यवैभवात् । भ्रश्यते फलाच्च्यवते; इहात्मनेपदमार्षम् । वर्धते वा फलेन युज्यते वा । स्वाङ्गीकृते कर्मणि समग्रस्वसामर्थ्यविनियोगमात्रं नियोज्यस्य कृत्यं, दैववशात्तु कदाचित् फलविसंवादेऽपि तस्य नापराध इति भावः । अत्र स्निग्धत्वाविस्रम्भान्महान् कर्मभारस्त्वयि मया न्यस्तः, त्वं च यावच्छक्ति तस्मिन् फलविसंवादनिर्विशङ्को यतस्वेति विशेषे प्रकृते कथनीये सामान्यन्यायस्योपन्यसनात् सामान्यनिबन्धनाप्रस्तुतप्रशंसालङ्कारः ॥ ३ ॥

सालकोत्साहानुगुणमुक्त्वाध्वनो लङ्घनकालेयत्तां बोधयति—अथेत्यादि । वेणुवनात् नर्मदातीरसमीपवर्तिनो वनविशेषादवधेः । त्रिषु, गहनेषु तदुपश्लिष्टेषु वनेषु मध्ये । नागवनं तदाख्यं गजबहुलं वनं । श्वः परेद्युः । प्रयाता प्रस्थाता । स्वामी वत्सराजः । प्रागेव सम्भावयितव्यः नागवनप्रयाणारम्भात् पूर्वमेव द्रष्टव्यः । अतः वेणुवने श्वः प्रातः स्वामी यथा ते दृश्यो भवेत्, तथा वेगमाश्रित्य मार्गो लङ्घयेत्यभिप्रायः । 'वेणुवनाश्रितेषु गहनेषु' इति मातृकान्तरपाठः समीचीनतरः ॥

सालकः—(क) अय्य ! लेहो खु मं ओवज्झइ, जहिं आअत्तं कय्यसरीरं ।

यौगन्धरायणः— विजये!

(प्रविश्य)

विजया—(ख) अय्य ! इआह्मि ।

यौगन्धरायणः—विजये! त्वर्यतां लेखः प्रतिसरा च ।

विजया— (ग) अय्य ! तह । (निष्क्रान्ता ।)

यौगन्धरायणः—अथ दृष्टपूर्वस्त्वयैष पन्थाः ।

(क) आर्य ! लेखः खलु मामपवहति, यस्मिन् आयत्तं कार्यशरीरम् ।

(ख) आर्य ! इयमस्मि ।

(ग) आर्य ! तथा ।

शीघ्रयानमभ्युपेत्याह— अय्येति । कार्यशरीरं कार्यस्य स्वामिने विज्ञाप्यस्यार्थस्य स्वरूपं । यस्मिन् आयत्तम् अधीनं प्रतिपादितामित्यर्थः । सः, लेखः खलु मन्त्रेतव्यो लेख एव । माम् , अपवहति अपगमयति गन्तुं नानुमन्यते वहतेर्गमयत्यर्थत्वाद् अपेत्युपसर्गस्य प्रातिकूल्यबोधकत्वात् । मन्त्रेतव्यलेखग्रहणपतीक्षाकृत एव मम प्रस्थानाविलम्बः, अतः शीघ्रं मे लेखो दीयतां येनाहं सद्यः प्रस्थास्ये इत्यभिप्रायः । 'ओवज्झइ' इति क्वचित् पाठः । अवबध्नातीति च संस्कृतम् । माम् अवबध्नाति अवरुणद्धि मत्प्रस्थानप्रतिबन्धमाचरतीत्यर्थः ।।

लेखानयनमादेष्टुं प्रतीहारीमाह्वयति—**विजय इति** ।

अय्येत्यादि ॥

विजय इत्यादि । लेखः वत्सराजमातृलिखितं वार्तापत्रम् । एतच्च व्यक्तीभविष्यति । त्वर्यतां त्वरितमानीयतां । प्रतिसरा हस्तधार्यं रक्षासूत्रम् । सा विपिनचारिणे वत्सराजाय रक्षार्थं प्रेषयितुमिष्टा । प्रतिसराप्रेषणं च सामुदाचारिकं प्रतिभाति । 'प्रतिसरस्तु स्याद्धस्तसूत्रे नृषण्डयोः ।.........व्रणशुद्धौ च केचित्तु स्त्रियां प्रतिसरां विदुः ।' इति केशवः ॥

अय्येत्यादि ॥

अथेत्यादि । अथशब्दः प्रश्ने । एषः गन्तुमिष्टः । पन्थाः मार्गः । दृष्टपूर्वः

सालकः—(क) णहि , सुदपुरुवो ।

यौगन्धरायणः— एतदपि मेधाविलक्षणम् । भोः वनगजप्रच्छादितशरीरं नीलहस्तिनमुपन्यस्य प्रद्योतः स्वामिनं छलयितुकाम इति प्रवृत्तिरुपगता नः । अपीदानीं स्वामिनो बुद्ध्यतिक्रमो न स्यात् । अहोतुखलु वत्सराजभीरुत्वं प्रद्योतस्य । व्यक्तीकृतमसामर्थ्यमक्षौहिण्याः । कुतः ,

व्यक्तं बलं बहु च तस्य न चैककार्यं
सङ्ख्यातवीरपुरुषं च न चानुरक्तम् ।

(क) नहि, श्रुतपूर्वः ।

पूर्वं दृष्टः सञ्चारावगतयावद्विशेषः । मार्गो हि तद्गतवक्रत्वादिविशेषापरिज्ञाने शीघ्रलङ्घ्यो न भवतीति मत्वा तद्विषयः प्रश्नः ॥

णहीति । नहि नैव दृष्टपूर्वः । किन्तु, श्रुतपूर्वः पूर्वं श्रुतः श्रवणावगतयावद्विशेष इत्यर्थः ॥

एतदपीति । एतदपि ऋते पूर्वदर्शनात् श्रवणमात्रेण मार्गगतयावद्विशेषपरिज्ञानमपि । अपिशब्देन स्वामिकार्यनिर्वाहोत्साहः समुच्चीयते । मेधाविलक्षणं बुद्धिमच्चिह्नम् । इत्थं सालकमभिनन्द्य कार्यगतं चिन्तयति — भो इत्यादि । भोशब्दो विषादे । वनगजप्रच्छादितशरीरं वनगजैः समन्तात् स्थितैः प्रच्छादितं द्रष्टुर्दुर्विज्ञेयतया तिरोहितं शरीरं यस्य तं । नीलहास्तिनं नीलवर्णं गजम् । उपन्यस्य कल्पयित्वा । उपन्यासो मिथ्यासृष्टिः । छलयितुकामः छलयितुं वञ्चयितुं वञ्चनया ग्रहीतुं काम इच्छा यस्य सः । वञ्चना चानुपदं स्फुटीभविष्यति । प्रवृत्तिः वार्ता । उपगता विदिता अर्थाच्चारमुखात् । नः अस्माभिः । 'क्तस्य च वर्तमाने'(२-३-६७) इति षष्ठी; शेषलक्षणा वा । इदानीम् इयति काले । स्वामिनः, बुद्ध्यतिक्रमः बुद्धेः अतिक्रमः वस्तुतत्त्वापरिज्ञाननिमित्ता अयथावत्प्रवृत्तिः प्रद्योतप्रयुक्तच्छलवागुरापतनमिति यावत् । अपि न स्यात् अपि न भवेत् । अपिशब्दः कामप्रवेदने, बुद्ध्यतिक्रमो मा भूदिति मे काम इति तात्पर्यम् । छलप्रयोक्तुर्वत्सराजभीरुत्वमनुमायाह—अहोत्वित्यादि । अहोतुखलु आश्चर्ये । वत्सराजभीरुत्वं वत्सराजसकाशाद् भयम् । अक्षौहिण्याः अतिमहतः सेनापरिमाणविशेषस्यात्मीयस्य । असामर्थ्यं वत्सराजसहयोधनाशक्तत्वं । व्यक्तीकृतं स्पष्टीकृतं, अर्थात् प्रद्योतेन ।

व्याजं ततः समभिनन्दति युद्धकाले
सर्वं हि सैन्यमनुरागमृते कलत्रम् ॥ ४ ॥

(प्रविश्य)

विजया —(क) ळेहो खु अअं । पडिसरा सव्ववहूजणहत्थादो तुवारीअदित्ति भट्टिमादा आह ।

(क) लेखः खल्वयं। प्रतिसरा सर्ववधूजनहस्तात् त्वर्यत इति भर्तृमाता आह ।

व्यक्तमिति । तस्य प्रद्योतस्य ॥ बलं सैन्यं । बहु च भवति , एककार्यम् एकं स्वामिकार्यानतिरिक्तं कार्यं यस्य तद् एककार्यं स्वामिकार्यैकतानमित्यर्थः । न च न भवति च । संख्यातवीरपुरुषं च संख्याताः परिमिताः न तु भूयिष्ठाः वीरपुरुषाः शूराः यस्मिंस्तत् तथाभूतं च भवति । अनुरक्तं स्वामिनि स्निग्धं । न च न भवति च । व्यक्तम् अयमर्थोऽनुमीयत इत्यर्थः । अनुमापकमाह—ततः बलस्य बहुत्वेऽप्येककार्यत्ववीरपुरुषभूयिष्ठत्वस्वाम्यनुरक्तत्वरूपगुणयोगाभावादित्यर्थः । युद्धकाले युद्धस्य काले । स्ववैरिणा वत्सराजेन सह युद्धस्यावसरे प्राप्ते इत्यर्थः । व्याजं नीलहस्त्युपन्यासलक्षणं छद्मप्रयोगं न तु युद्धं । समभिनन्दति आद्रियते, अर्थात् प्रद्योतः । बलस्य यथोक्तगुणवत्त्वे तद्व्यपाश्रयेण युद्धमेव शत्रुजयाय साधकतयोपादेयं, न तु व्याज इति युद्धमुपेक्ष्य व्याजं प्रयुञ्जानः बलस्य गुणहीनतामनुमापयतीति भावः । गुणेष्वपि मध्येऽनुरागस्यैव प्राधान्यमित्यभिप्रायेणाह—सर्वं सर्वप्रकारम् । एककार्यं वा वीरपुरुषभूयिष्ठं वा अन्यादृशं वा सकलविधमपि । प्रकारकार्त्स्न्यवृत्तिरिह सर्वशब्दः । सैन्यं सेना स्वार्थे ष्यञ् । अनुरागम् ऋते स्वामिविषयस्नेहाभावे । कलत्रं हि कलत्रमिव शत्रुजयासाधकमेवेत्यर्थः । अनया च स्नेहस्य निष्कृष्यप्रशंसया, स एष नियोज्येषु मृग्यो महागुणः स्वामिस्नेहाख्यस्त्वयि दिष्ट्या लब्धप्रतिष्ठ इति प्रस्तुतकार्यसिद्धिं त्वय्यहं दृढमाशंसे इति सालकं प्रति द्योत्यते ॥ ४ ॥

ळेहो इति । लेखः खलु, अयम्, आनीत इति शेषः । प्रतिसरा, सर्ववधूजनहस्तात् सर्वेषां राजभवनसन्निहितानां वधूजनानां पुरन्ध्रीजनानां हस्तात् । त्वर्यते त्वरितं स्पर्शयित्वा गृह्यते । त्वरतिस्त्वराविशिष्टे करणे वर्तते, तच्च करणमिह स्पर्शयित्वाग्रहणात्मकविशेषरूपमौचित्याद् विज्ञायते । अयमर्थः—प्रतिसरायाः स-

यौगन्धरायणः—विजये! विज्ञाप्यतां तत्रभवत्यै—सर्ववधूजनहस्तप्रयुक्ता वा एका वा प्रतिसरा दीयतामिति ।

विजया—(क) अय्य! तह। (निष्क्रान्ता ।)

(प्रविश्य)

निर्मुण्डकः—(ख)सुहं अय्यस्स ।

यौगन्धरायणः—कथं निर्मुण्डकः ।

निर्मुण्डकः —(ग) अय्य! एसो भट्टिपादमूळादो ओवट्टिइओ हंसओ आअदो ।

यौगन्धरायणः—कथं हंसक एकः प्राप्त इति । सालक! विश्रम्यतामिदानीं मुहूर्तम् । त्वरिततरं वा यास्यासि सविश्रमो वा ।

(क) आर्य ! तथा ।

(ख) सुखमार्यस्य ।

(ग) आर्य! एष भर्तृपादमूलादौपस्थितिको हंसक आगतः ।

र्ववधूजनहस्ताभिमर्शनमङ्गलविधिः सामुदाचारिकस्त्वरितमनुष्ठीयते ; तस्मिन् निर्वृत्ते तां प्रेषयामीति । इति एवं । भर्तृमाता महाराजजननी । आह ॥

कालहरणभयात् सन्दिशति—विजयेत्यादि । एका वा अन्या वा असर्ववधूजनहस्तप्रयुक्ता वेत्यर्थः । 'एके मुख्यान्यकेवलाः' इत्यमरः ॥

अय्येत्यादि ॥

प्रविश्येति । अस्य स्थाने 'ततः प्रविशति निर्मुण्डकः' इति क्वचित् पाठः ॥

सुहमित्यादि । सुहं शुभं सुखं वा । कुशलप्रश्नोऽयम् ॥

कथमित्यादि ॥

अय्येत्यादि । औपस्थितिकः उपस्थितिं समीपस्थितिं नित्यमर्हतीत्यौपस्थितिकः, अर्थाद् भर्तुः । 'तदर्हति' (५. १. ६३) इति ठञ् ॥

कथमित्यादि । एकः भर्तृविरहितः । इतीत्यनन्तरं ब्रूषे इति शेषः । मुहूर्तं विश्रम्यतां, हंसकमुखात् स्वामिवृत्तान्तश्रवणं यावत् प्रस्थातुं विलम्ब्यतामित्यभिप्रायः । त्वरिततरं शीघ्रतरं । त्वरितमिति पाठान्तरम् । यास्यसि वा, सविश्रमो वा विश्रान्तो भविष्यसि वा । कार्यस्यानतिपातश्रवणे त्वरिततरयानपक्षः, अतिपातश्रवणे तु विश्रमपक्षः ॥

सालकः—(क) अय्य ! तह । (निष्क्रान्तः ।)

यौगन्धरायणः—निर्मुण्डक ! प्रवेश्यतां हंसकः ।

निर्मुण्डकः—(ख) अय्य ! तह । (निष्क्रान्तः ।)

यौगन्धरायणः—स्वामिनाविरहितपूर्वो हंसक एकः प्राप्त इति साविग्नमिव मे मनः । कुतः,

यथा नरस्याकुलबान्धवस्य गत्वान्यदेशं गृहमागतस्य ।
तथा हि मे सम्प्रति बुद्धिशङ्का श्रोष्यामि किन्नु प्रियमप्रियं वा ॥ ५ ॥

(ततः प्रविशति हंसको निर्मुण्डकश्च)

(क) आर्य ! तथा ।

(ख) आर्य ! तथा ।

अय्येत्यादि ॥

निर्मुण्डकेत्यादि ॥

अय्येत्यादि ॥

स्वामिनेत्यादि । अविरहितपूर्वः पूर्वमवियुक्तः । एकः स्वामिना विरहितः । इति स्वामिविरहितहंसकागमनाद्धेतोः । साविग्नमिव सावेगमिव । भावे क्तः । इवशब्दो वाक्यभूषणम् ।

एकाकिहंसकप्राप्त्या कुतस्तवावेग इत्याकाङ्क्षायामाह—**यथेति** । आकुलबान्धवस्य आकुलाः कुटुम्बवार्तानिवेदनं प्रत्युत्सुकाः बान्धवाः यस्य तस्य तथाभूतस्य । अन्यदेशं गत्वा गृहमागतस्य, एतेन कुटुम्बवार्ताश्रवणौत्सुक्यमुक्तम् । नरस्य पुरुषस्य । यथा, **बुद्धिशङ्का** बुद्धेर्मनसः शङ्का अतिस्नेहनिमित्तः कुटुम्बविषयः पापवितर्कः । भवति, तथा, हि यस्मात् कारणात् । मे, सम्प्रति अस्मिन्नेकाकिहंसकप्राप्त्यवसरे । बुद्धिशङ्का अर्थात् स्वामिविपत्तिविषया । जायत इति शेषः । अतः साविग्नमिति पूर्वेण सम्बन्धः । एकाकिहंसकप्राप्तिजनितया बुद्धिशङ्कया ममावेग इति तात्पर्यम् । आविग्नचित्तसदृशं चिन्तयति—प्रियम् इष्टमर्थं । किन्नु श्रोष्यामि, अथवा अप्रियं किन्नु श्रोष्यामि ॥ ५ ॥

तत इत्यादि ॥

निर्मुण्डकः—(क) एदु एदु अय्यो।

हंसकः—(ख) कहिं कहिं अय्यो।

निर्मुण्डकः—(ग) एसो अय्यो चिट्ठइ, उवसप्पदु णं। (निष्क्रान्तः।)

हंसकः—(उपगम्य) (घ) सुहं अय्यस्स।

यौगन्धरायणः—हंसक! न खलु गतः स्वामी नागवनम्।

हंसकः—(ङ) अय्य! हिज्जो एव्व गदो भट्टा।

यौगन्धरायणः—हन्त निष्फलमनुप्रेषणम्। छलिताः स्मः। अथास्ति प्रत्याशा, अथवा अद्यैव प्राणा मोक्तव्याः।

हंसकः—(च) धरदि खु दाव भट्टा।

(क) एत्वेत्वार्यः।

(ख) कुत्र कुत्रार्यः।

(ग) एष आर्यस्तिष्ठति, उपसर्पत्वेनम्।

(घ) सुखमार्यस्य।

(ङ) आर्य! ह्य एव गतो भर्ता।

(च) धरते खलु तावद् भर्ता।

एदु इत्यादि॥

कहिमित्यादि। दर्शनत्वरया द्विरुक्तिः॥

एसो इत्यादि। एतद्वाक्यान्ते 'निष्क्रान्त' इति लेखनीयं, निर्मुण्डकपुनः-प्रवेशस्योत्तरत्र कथनात्॥

सुहमित्यादि॥

हंसकेत्यादि। न खल्वित्यत्र प्रश्नकाकुः॥

अय्येत्यादि। ह्यः पूर्वेद्युः॥

स्वामिनः शत्रुवञ्चितत्वं निश्चित्याह—हन्तेत्यादि। अनुप्रेषणम् अर्थात् सालकस्य। छलिताः वञ्चिताः, प्रद्योतेनेत्यर्थम्। प्रत्याशा छलप्रतीकारविषया। अथ अस्ति अस्ति किम्। अथवा प्राणाः, त्यक्तव्याः, अर्थादस्माभिः। किं जीवति स्वामी उत नामशेष इति प्रश्नकोट्योरभिप्रायः॥

धरदीति। भर्ता, धरते खलु तावत् जीवत्येव न तु न जीवति। अजीवनशङ्का तु तद्विषये मम पूर्वमासीदित्यभिप्रायः॥

यौगन्धरायणः—धरते तावदित्यनूर्जिता विपत्तिरभिहिता । गृहीतेन स्वामिना भवितव्यं ननु ।

हंसकः—(क) सुट्ठु अय्येण विञ्ञादं । गहीदो भट्टा ।

यौगन्धरायणः—कथं गृहीतः स्वामी । हन्तभोः महान् खलु भारः प्रद्योतस्य भाग्यैर्निस्तीर्णः । अद्यप्रभृति वत्सराजसचिवानां प्रतिष्ठितमसामर्थ्यमयशश्च । इदानीमनुत्पन्नकार्यपण्डितो रुमण्वान् क्व गतः । इदानीमश्वारोहणीयं क्व गतम् । कुतः,

स्निग्धं सौहृदहृतं च कुलोद्गतं च
व्यायामयोग्यपुरुषं च गुणार्जितं च ।

(क) सुष्ठु आर्येण विज्ञातम् । गृहीतो भर्ता ।

धरत इत्यादि । इति अनेन वाक्येन । अनूर्जिता अमहती प्राणापायानुत्पादिकेत्यर्थः । विपत्तिः आपत् । अभिहिता प्रतिपादिता । तथाविधाया विपत्तेर्ग्रहणरूपतां सम्भाव्य पृच्छति—गृहीतेनेत्यादि ॥

यौगन्धरायणसम्भावनामभिनन्दन्नाह—सुट्ठु इत्यादि । विज्ञातम् ऊहितम् ॥

कथमित्यादि । हन्तभो इति विषादे । भारो दुष्करं कर्म वत्सराजग्रहणरूपम् । निस्तीर्णः साधितः । वत्सराजसचिवानां मम च रुमण्वदादीनां च । प्रतिष्ठितं रूढम् । असामर्थ्यं स्वस्वामिरक्षणाशक्तत्वम् । अयशश्च अकीर्तिश्च । इदानीं स्वामिग्रहणसमये । अनुत्पन्नकार्यपण्डितः अनुत्पन्ने कार्ये पण्डितः अनागत एव कार्ये तदर्हपूर्वसंविधाननिपुणः अनागतविधातेत्यर्थः । अथवा उत्पन्ने कार्येऽनर्थरूपे पण्डितः सद्यः प्रतिविधिनिपुणः उत्पन्नकार्यपण्डितः, स न भवतीत्यनुत्पन्नकार्यपण्डितः अप्रत्युत्पन्नमतिरित्यर्थः । अस्मिन् पक्षे निन्दापरं विशेषणं, निन्दा च स्वामिरक्षणाकरणात् । रुमण्वान् तन्नामकोऽमात्यो वत्सराजस्यानुगन्ता । अश्वारोहणीयम् अश्वमारोहतीत्यश्वारोहणीयं सादिबलं । 'कृत्यल्युटो बहुलम्' (३-३-११३) इति बहुलवचनात् कर्तर्यनीयर् । क्व गतं किं स्वामिपार्श्वे न स्थितं, स्थितं चेत्, तदवश्यं स्वामिनमरक्षिष्यदित्यभिप्रायः ।

कुतस्ते तस्मिन् स्वामिरक्षणसामर्थ्यविस्रम्भ इत्याकाङ्क्षायामाह—स्निग्धं चेति । अश्वारोहणीयं प्रकृतं विशेष्यं । स्निग्धं च स्वामिनि स्नेहयुक्तं च । सौहृ-

क्रीतं परैर्गहनदुर्गतया प्रनष्टं
युद्धे समस्तमतिभारतया विपन्नम् ॥ ६ ॥

हंसकः—(क) जइ समग्गजोहबळपरिवारो भवे भट्टा, ण एसो दोसो भवे ।

यौगन्धरायणः—कथमसमग्रयोधबलपरिवारो नाम स्वामी ।

हंसकः—(ख) सुणादु अय्यो ।

यौगन्धरायणः—अध्वश्रान्तो भवान् । आस्यताम् ।

(क) यदि समग्रयोधबलपरिवारो भवेद् भर्ता, नैष दोषो भवेत् ।

(ख) शृणोत्वार्यः ।

दृढं च सौहृदं स्वामिनस्तद्विषयः स्नेहः तेन हृतं वशीकृतं च । कुलोद्गतं च प्रशस्तकुलजातं च । व्यायामयोग्यपुरुषं च व्यायामेन कायिकायासविशेषेण तस्मिन् वा योग्याः शक्ताः पुरुषाः सादिनो यस्मिंस्तत् तथाभूतं च । गुणार्जितं च गुणेन अश्वचर्यानैपुण्यलक्षणेन निमित्तेन आर्जितं संगृहीतं च । भवति । ईदृशगुणयोगादश्वारोहणीये स्वामिरक्षणसामर्थ्यं निश्चितमिति भावः । तथाविधस्याप्यश्वारोहणीयस्य नैष्फल्ये सम्भावितानि कारणानि पृच्छति—समस्तं सर्वम् अश्वारोहणीयम् अन्यच्च सर्वविधं सैन्यमित्यर्थः । परैः शत्रुभिः । क्रीतं दानाद्युपायेन स्वायत्तीकृतं किम् । गहनदुर्गतया गहनस्य काननस्य दुर्गतया दुर्गमतया हेतुना । प्रनष्टं तत इतो विशीर्णं किम् । युद्धे, अतिभारतया अतिशयितः स्वशक्त्यतीतः भारः प्रतिसैन्यनिग्रहलक्षणं कृत्यं यस्य तस्य भावस्तत्ता, तया, प्रतिसैन्यविग्रहाक्षमतया हेतुनेत्यर्थः । विपन्नं ध्वस्तं किम् । इह क्रीतं प्रनष्टं विपन्नमिति प्रश्नकाकुः ॥ ६ ॥

जइ इत्यादि । भर्ता समग्रयोधबलपरिवारः समस्तभटसैन्यसहायः यदि भवेत्, एष दोषः शत्रुवशप्राप्तिरूपोऽनर्थः । न भवेत् ॥

असमग्रयोधबलपरिवारतायाः कारणं पृच्छति—कथमित्यादि ॥

सुणादु इत्यादि ॥

अध्वेत्यादि । आस्यताम् आसित्वा कथ्यतामित्यर्थः ॥

हंसकः—(क) अय्य ! तह । (उपविश्य) सुणादु अय्यो । साव-सेसपच्चूसाए रअणीए वाहणसुहाए वेळाए वाळुआतित्थेण णइं णम्मदं तरिअ वेणुवणे कळत्तं आवासिअ छत्तमत्तपरिच्छदेण गजजूहाविमद्दजोग्गेण बळेण मग्गमदअणीए वीहीए णाअवणं पआदो भट्टा ।

यौगन्धरायणः—ततस्ततः ।

हंसकः—(ख) तदो इसुक्खेवमत्तोत्थिदे सुय्ये एत्तिअमत्ताणि विअ जोअणाणि गच्छिअ कोसमेत्तेण विअ मदअंधीरपव्वदं अणासादिअ तडाअपङ्कुक्खित्तं अद्धणिम्मिदसिळाकम्मं विअ विसमदंसणं दिट्ठं णो णाअजूहं ।

(क) आर्य ! तथा । शृणोत्वार्यः । सावशेषप्रत्यूषायां रजन्यां वाहनसुखायां वेलायां वालुकातीर्थेन नदीं नर्मदां तीर्त्वा वेणुवने कलत्रमावास्य छत्रमात्रपरिच्छदेन गजयूथविमर्दयोग्येन बलेन मार्गमदन्या वीथ्या नागवनं प्रयातो भर्ता ।

(ख) तत इषुक्षेपमात्रोत्थिते सूर्ये एतावन्मात्राणीव योजनानि गत्वा क्रोशमात्रेणेव मदगन्धीरपर्वतम् अनासाद्य तटाकपङ्कोत्क्षिप्तम् अर्धनिर्मितशिलाकर्मेव विषमदर्शनं दृष्टं नो नागयूथम् ।

अय्येत्यादि । सावशेषप्रत्यूषायां सावशेषः किञ्चिदवशिष्टः प्रत्यूषः उषःकालो यस्यां तस्यां । वाहनसुखायां वाहनानाम् अश्वादीनां सुखायां सुखकारिण्यां । वालुकातीर्थेन सिकताप्रायेण नद्यवतारेण । नर्मदां रेवानदीं । छत्रमात्रपरिछदेन छत्रमात्रम् आतपत्रमेव परिछदः उपकरणं यस्य तेन । गजयूथविमर्दयोग्येन गजवृन्दमृगयार्हेण । मार्गमदन्या मार्गो मृगसमूहः, समूहार्थेऽण् । तद् मदयति हर्षयतीति मार्गमदनी, तया । मिअमदकण्ठीए इत्यपि पाठः । मृगाणां व्याघ्रादीनां मदकण्ठः हर्षनादः यस्यां तया तथाभूतयेत्यर्थः । 'मिअपदकण्ठीए' इत्यपपाठः ॥

ततस्तत इति ॥

तदो इत्यादि । इषुक्षेपमात्रोत्थिते सति क्षिप्तो बाणो यावद् दूरं गच्छति तावदन्तरमिषुक्षेपः , इषुक्षेपमात्रमन्तरम् उत्थिते उद्गते सति । एतच्च द्रष्टुबुद्ध्यनुसाराद्युक्तम् । एतावन्मात्राणि इयत्परिमाणानि । इदं च योजनसंख्याया अङ्गुलिनिर्देशेन

यौगन्धरायणः—ततस्ततः ।

हंसकः—(क) तदो णिज्झाअन्तीसु सेणासु समुप्पण्णसङ्कापिण्डिदे तस्सिं जूहे इमस्स अणत्थस्स उप्पादओ कोच्चि पदादी भट्टारं एव्व उवट्ठिदो ।

यौगन्धरायणः—तिष्ठ । इतः क्रोशमात्रे मल्लिकासालप्रच्छादितशरीरो नखदन्तवर्जमेकनीलो हस्ती मया दृश्यत इत्युक्तवान् ननु ।

(क) ततो निध्यायन्तीषु सेनासु समुत्पन्नशङ्कापिण्डिते तस्मिन् यूथेऽस्यानर्थस्योत्पादकः कश्चित् पदातिः भर्तारमेवोपस्थितः ।

वचनं बोद्धव्यम् । योजनानीति 'कालाध्वनोरत्यन्तसंयोगे' (२. ३. ५) इति द्वितीया । धनुरन्तराणां चत्वारि सहस्राणि योजनम् । क्रोशमात्रेण, क्रोशो धनुस्सहस्रं । मदगन्धीरपर्वतम् अनासाद्य, मदगन्धीरसंज्ञं पर्वतविशेषम् अप्राप्य, ततोऽर्वागेवेत्यर्थः । काण्डीरजातीयो गन्धीरशब्दः । अर्धनिर्मितशिलाकर्मेव अर्धनिर्मितम् असमग्ररचितम् अथवा अर्धे देहैकदेशे लग्नतटाकपङ्के निर्मितं रचितं शिलाकर्म मनाश्शिलालेपो यस्य तत् तथाभूतम् । इह देहलग्नस्य पङ्कस्य श्वेतत्वे उत्प्रेक्ष्यमाणा मनाश्शिला श्वेता शिलाशब्दग्राह्या, श्यामत्वे तु कालाख्यया श्यामा । मनाश्शिला हि नाम गिरिप्रभवो धातुविशेष उच्चावचवर्णः । विषमदर्शनं भीषणदर्शनं । न इति सम्बन्धे षष्ठी । नागयूथं गजबृन्दम् ॥

तत इत्यादि ॥

तदो इत्यादि । निध्यायन्तीषु निर्वर्णयन्तीषु सतीषु । समुत्पन्नशङ्कापिण्डिते सति समुत्पन्नया सेनाकर्तृकनिध्यानसञ्जातया शङ्कया भयेन पिण्डिते संहृत्य स्थिते सति । 'शङ्कापिंडिदे' इति क्वचित् पाठः । अनर्थस्य स्वामिविपदः ॥

तिष्ठेत्यादि । तिष्ठ वचनाद् विरम । ऋतेऽपि वचनात् तव विवक्षितमूहितं मयेत्याभिप्रायः । ऊहितमाविष्करोति—इत इत्यादिना । मल्लिकासालप्रच्छादितशरीरः मल्लिकया लताविशेषेण सालेन वृक्षविशेषेण च प्रच्छादितशरीरः । सालेत्यस्य स्थाने लतेति क्वचित् पाठः । नखदन्तवर्जं नखाश्च दन्ताश्च नखदन्तं, तद् वर्जयित्वा । 'द्वितीयायां च' (३. ४. ५३) इति णमुल् । एकनीलः एको नीलत्वगुण एव शेषाङ्गेषु यस्य सः । नन्विति प्रश्ने ॥

हंसकः—(क)कहं परिण्णादं खु एदं अय्येण । जागत्ति खु समुप्पण्णो अअं दोसो ।

यौगन्धरायणः—हंसक ! जाग्रतोऽपि बलवत्तरः कृतान्तः । ततस्ततः ।

हंसकः—(ख) तदो सुवण्णसदप्पदाणेण तं णिसंसं पडिपूजिअ भट्टिणा उत्तं—अत्थि एसो चक्कवट्टी हत्थी णीळकुवळअतणू णाम हत्थिसिक्खाए पठिदो । ता अप्पमत्ता होह तुह्ये इमस्सिं जूहे । गअं तं अहं वीणादुदीओ आणेमि त्ति ।

यौगन्धरायणः—अथ कथमुपेक्षितस्तदानीं स्वामी रुमण्वता ।

(क) कथं परिज्ञातं खल्वेतदार्येण । जाग्रति खलु समुत्पन्नोऽयं दोषः ।

(ख) ततः सुवर्णशतप्रदानेन तं नृशंसं प्रतिपूज्य भर्त्रोक्तम्—अस्त्येष चक्रवर्ती हस्ती नीलकुवलयतनुर्नाम हस्तिशिक्षायां पठितः । तद् अप्रमत्ता भवत यूयमस्मिन् यूथे । गजं तमहं वीणाद्वितीय आनयामीति ।

कहमित्यादि । एतत् पराचिकीर्षितं छलनम् । आर्येण, कथं परिज्ञातं खलु विदितमेव किम् । जाग्रति जागरूके सति अर्थादार्ये । एवं पराचिकीर्षितं छलप्रयोगं पूर्वमेव विज्ञाय प्रतिविधानौन्मुख्यं भजमानेऽप्यार्ये भर्तुरयमनर्थः समुत्पन्न इत्याश्चर्यमित्यभिप्रायः ॥

हंसकेत्यादि । कृतान्तः कालो भवितव्यता । जाग्रतोऽपि पुरुषकारं कुर्वाणादपि । बलवत्तरः अतिशयेन बलवान् ॥

तदो इत्यादि । सुवर्णशतप्रदानेन सुवर्णाख्यनाणकविशेषशतस्य दानेन । चक्रवर्ती सम्राट् । हस्तिशिक्षायां गजलक्षणशास्त्रे । अप्रमत्ता भवत यूयमवहिताः प्रतिपालयतेत्यभिप्रायः । तं गजं नीलहस्तिनं । वीणाद्वितीयः वीणासहायः । एतेन, वीणावादनेनैव केवलेन नीलहस्तिनं साधयितुं क्षमः सैन्यसाहाय्यं नापेक्ष इति सूचितम् ॥

अथेत्यादि । कथम् उपेक्षितः एकाकी नीलहस्त्यभिमुखं गच्छन् कथमवारितः, अननुयातो वेत्यर्थः ॥

हंसकः—(क) णहि णहि । पसादिअ भट्टा अमच्चेण विण्णाविदो—णक्खु दे एळावणादीणं वि दिसागआणं गहणं ण सम्भावणीअं । अवि दु दुरारक्खदाए आसण्णदोसाणि विसअन्तराणि । तहिं णिळ्ळज्जो णिरभिजणो पच्चन्तवासी जणो । ता पदादिमत्ताहिट्ठिदं इमं जूहं करिअ सव्व एव्व गच्छामो, ण एकाइणा सामिणा गन्तव्वं त्ति ।

यौगन्धरायणः—अपि महाजनसमक्षमेवमुक्तः स्वामी रुमण्वता । एवमप्यवक्तव्यां स्वामिभक्तिमिच्छामि । ततस्ततः ।

(क) नहि नहि । प्रसाद्य भर्तामात्येन विज्ञापितः—नखलु ते ऐरावणादीनामपि दिशागजानां ग्रहणं न सम्भावनीयम् । अपितु दुरारक्षतयासन्नदोषाणि विषयान्तराणि । तत्र निर्लज्जो निरभिजनः प्रत्यन्तवासी जनः । तत् पदातिमात्राधिष्ठितमिदं यूथं कृत्वा सर्व एव गच्छामः, नैकाकिना स्वामिना गन्तव्यमिति ।

णहीत्यादि । नहि नहि नैवोपेक्षित इत्यर्थः । निषेधस्य द्विरुक्तिर्दार्ढ्याय । प्रसाद्य अनुनीय । दिशागजानामपि, किमुत सामान्यगजस्येत्यपिशब्दार्थः । गहणं वनं, ग्रहणं वा । नखलु न सम्भावनीयं सम्भावयितुमाक्रमितुमशक्यं नैव भवति । अपितु तथापि । दुरारक्षतया दुःखेन आरक्षितुं शक्यानि दुरारक्षाणि तेषां भावस्तत्ता तया । आसन्नदोषाणि सन्निहितानर्थानि । विषयान्तराणि देशविशेषाः । आसन्नदोषत्वं च दुर्जनाधिवासस्थानत्वादित्याशयेनाह—तहिमित्यादि । निरभिजनः दुष्कुलः । प्रत्यन्तवासी प्रत्यन्तोऽनार्यदेशः, तद्वासी । एतेन कृत्याकृत्यविवेकविकलता ध्वनिता । सर्वे समस्ताः, गजयूथविनियुक्तपदात्यतिरिक्ताः परिवाराः स्वामी अहं चेत्यर्थः ॥

अपीत्यादि । अपिशब्दः कच्चिदर्थे कामप्रवेदने । महाजनसमक्षं, परिजनसमूह इह महाजनः, तस्य समक्षं प्रत्यक्षं यथा भवति तथा । एवमपि अनेन प्रकारेणापि । अवक्तव्याम् इच्छामि निरपवादां मन्ये । इच्छतीति पाठे रुमण्वान् आर्थिकः कर्ता ॥

हंसकः—(क) तदो अत्तजीविदणिद्दिट्ठेण सवहेण णिवारिअ अमच्चं णीळवळाहआदो हत्थिणो ओदरिअ सुन्दरपाडळं णाम अस्सं आळुहिअ अणद्धागए सुय्ये विंसदिमत्तेहि पदादिहि सह पआदो भट्टा।

यौगन्धरायणः—विजयाय। हा धिक्, स्नेहात् पूर्ववृत्तान्तो नावेक्षितः। ततस्ततः।

हंसकः—(ख) तदो दिउणं विअ अद्धाणं गच्छिअ साळुक्खच्छाआए सवण्णणट्ठणीळदाए परुब्भासिदेहि असरीरविणिक्खित्तेहि विअ दन्तजुअळेहि सूइदो धणुसदमत्तेण विअ दिट्ठो सो दिव्ववारणपडिच्छन्दो।

(क) तत आत्मजीवितनिर्दिष्टेन शपथेन निवार्यामात्यं नीलवलाहकाद् हस्तिनोऽवतीर्य सुन्दरपाटलं नामाश्वमारुह्यानर्धागते सूर्ये विंशतिमात्रैः पदातिभिः सह प्रयातो भर्ता।

(ख) ततो द्विगुणमिवाध्वानं गत्वा सालवृक्षच्छायायां सावर्ण्यनष्टनीलतया प्रोद्भासिताभ्यामशरीरविनिक्षिप्ताभ्यामिव दन्तयुगलाभ्यां सूचितो धनुःशतमात्रेणेव दृष्टः स दिव्यवारणप्रतिच्छन्दः।

तदो इत्यादि। आत्मजीवितनिर्दिष्टेन आत्मजीविते विषये निर्दिष्टेन स्वजीवितं निर्दिश्य कृतेनेत्यर्थः। एतेन शपथस्यालङ्घनीयता सूचिता। अनर्धागते अनर्धेन अर्धान्न्यूनेनैकदेशेन आगते, किञ्चिदुदित इत्यर्थः। विंशतिमात्रैः विंशत्यैव, न तु ततोऽधिकैः। प्रयातः प्रस्थितः॥

विजयायेति। विजयाय नीलहस्तिसाधनाय। प्रयात इति प्रकृतं सम्बध्यते। इह काका निस्सहायस्य विजयाय प्रयाणमिदमनुचितमिति सूचयति। हा धिगिति निन्दायां, वक्ष्यमाणमनवेक्षणं निन्दितमित्यर्थः। स्नेहात् हस्तिग्रहणकौतुकात्। पूर्ववृत्तान्तः पूर्वः अनुभूतः वृत्तान्तः शत्रोः प्रद्योतस्य स्वपराभवोद्यमवार्ता। नावेक्षितः न चिन्तितः। अवेक्षणे हि प्रद्योतच्छलप्रयोगशङ्कया हस्तिनमसहायो नाभिगच्छेदित्याभिप्रायः॥

तदो इत्यादि। द्विगुणमिव अध्वानं गत्वेत्यनेन एकगुणाध्वगमनापेक्षिते काले द्विगुणाध्वगमनमतिवेगसाध्यमुक्तम्। तेन चातिसम्भ्रमः सूचितः। सावर्ण्यनष्टनीलतया सालवृक्षच्छायया यत् सावर्ण्यं समानवर्णत्वं तेन नष्टः विविच्याग्रहीत,

यौगन्धरायणः—हंसक ! अस्मत्परिताप इत्युच्यताम् । ततस्ततः ।

हंसकः—(क) तदो भट्टिणा ओदरिअ अस्सादो आअमिअ देवदाणं पणामं करिअ गहीदा वीणा। तदो पिट्ठदो एक्ककिदणिच्चओ विअ महअन्तो कण्ठीरवो समुप्पण्णो ।

यौगन्धरायणः—कण्ठीरव इति । ततस्ततः ।

हंसकः—(ख) तदो कण्ठीरवपरिञ्ञाणणिमित्तं परिवुत्ता अ वअं । महामत्तोत्तराउहीआहिट्ठिदो पच्चुग्गदो सो किदअहत्थी ।

(क) ततो भर्त्रावतीर्याश्वादागम्य देवतानां प्रणामं कृत्वा गृहीता वीणा। ततः पृष्ठत एककृतनिश्चय इव महान् कण्ठीरवः समुत्पन्नः ।

(ख) ततः कण्ठीरवपरिज्ञाननिमित्तं परिवृत्ताश्च वयम्। महामात्रोत्तरायुधीयाधिष्ठितः प्रत्युद्गतः स कृतकहस्ती ।

नीलः देहगतो नीलगुणो यस्य तस्य भावस्तत्ता तया । उपलक्षित इति शेषः। अत एव गजशरीराविवेकादुत्प्रेक्षते—अशरीरविनिश्चिताभ्यामिव शरीरविनाभावेन निवेशिताभ्यामिव। दन्तयुगलाभ्यां सूचितः दन्तचतुष्टयेन लिङ्गेन ज्ञापितः। दिव्यवारणप्रतिच्छन्दः दिव्यगजप्रतिकृतिः। दिव्यत्वाच्च दन्तचतुष्टयोपपत्तिः। दन्तयुगलेनेति वा संस्कृतं, प्राकृते वचनानियमात् ॥

हंसकेत्यादि। अस्मत्परितापः, तद्धेतौ गजे तत्त्वारोपः ॥

तदो इत्यादि । पृष्ठतः पश्चाद्भागे । एककृतनिश्चय इव एकं नीलहस्तिना समानं यथा भवति तथा कृतः निश्चयः फलाध्यवसायो यस्य स तथाभूत इव, गजसमानफलाभिसन्धिप्रवर्तित इवेति यावत्। अग्रतो नीलगजस्य पृष्ठतः सिंहस्य च समकालाविर्भावस्तयोस्तुल्याभिसन्धिप्रवर्तितत्वं हि गमयतीत्यभिप्रायः। कण्ठीरवः सिंहः ॥

कण्ठीरव इत्यादि ॥

तदो कण्ठीरवेत्यादि । महामात्रोत्तरायुधीयाधिष्ठितः महामात्रोत्तरैः गजाध्यक्षप्रधानैः आयुधीयैः योधैः अधिष्ठितः गर्भितः। सः कृतकहस्ती कृत्रिमगजः। एतावतान्तर्योधशतपूरितो बहिर्गजाकारो यन्त्रविशेषोऽयं, न तु सत्यगज इत्युक्तं

यौगन्धरायणः—ततस्ततः ।

हंसकः—(क) तदो णामगोत्तग्गहणेण समस्सासिअ कुळवुत्तजणं सव्वहा पज्जोदप्पओओ एसो, अणुगच्छह मं, अहं दाणिं परस्स उवण्णासं विसमारम्भं परक्कमेण समीकरोमि त्ति भणिअ भट्टा पविट्ठो एव्व तं परबळं ।

यौगन्धरायणः—प्रविष्ट इति । अथवा ननु स्थाने,

व्रीलितो वञ्चनां प्राप्य मानी सत्त्वमुपाश्रितः ।
शूरश्चैकायनस्थश्च किमन्यत् प्रतिपद्यते ॥ ७ ॥

(क) ततो नामगोत्रग्रहणेन समाश्वास्य कुलपुत्रजनं सर्वथा प्रद्योतप्रयोग एषः, अनुगच्छत माम्, अहमिदानीं परस्योपन्यासं विषमारम्भं पराक्रमेण समीकरोमीति भणित्वा भर्ता प्रविष्ट एव तत् परबलम् ।

भवति । प्रत्युद्गतः प्रतीपमुद्गतः । आयुधीयाः कृत्रिमगजकुक्षेर्निर्गम्यास्मानभ्यद्रवन्निति वाक्यतात्पर्यम् ॥

तत इत्यादि ॥

गजकृत्रिमत्वं ज्ञातवतो वत्सराजस्य प्रतिपत्तिमाह—**तदो** इत्यादि । कुलपुत्रजनम् आत्मसहायभूतमभिजातपुरुषवर्गमित्यर्थः । नामगोत्रग्रहणेन एकैकनामगोत्रनिर्देशवताभिसम्बोधनेनेत्यर्थः । एतच्चादरातिशयाविष्कारार्थम् । समाश्वास्य परिसान्त्व्य । सर्वथेत्यादि समीकरोमीत्यन्तं परिसान्त्वनवाक्यम् । उपन्यासं छलप्रयोगं । विषमारम्भं विषमः आशङ्कनीयानर्थः आरम्भो यस्य तं । समीकरोमि समम् अविषमम् आपादयामि ॥

प्रविष्ट इतीति । प्रविष्ट इति, इदमपूर्णं वाक्यम् एतदयुक्तमिति शेषेण पूरणीयम् । परबलप्रवेशस्यायुक्तत्वं सूचितं प्रतिक्षिपन् युक्तत्वमाह—**अथवेत्यादि** । स्थाने युक्तम् । सुबन्तप्रतिरूपमव्ययमिदम् ।

युक्तत्वं समर्थयते—**व्रीलित इति** । वञ्चनां शत्रुसकाशाच्छलनं । प्राप्य व्रीलितः लज्जितः । मानी चित्तसमुन्नतिमान् । सत्वं धैर्यम् । उपाश्रितः, शूरश्च, एकायनस्थश्च एकस्मिन्नेव न तु सद्वितीये अयने शत्रुप्रतीकाराभ्युपाये तिष्ठतीति तथाभूतश्च । अर्थात् स्वामी । अन्यत् किं परबलप्रवेशातिरिक्तं कीदृशं कर्म । प्र

ततस्ततः।

हंसकः—(क) तदो कीळाअमाणो विअ अत्तच्छन्दाणुवत्तिणा सुन्दरपाडळेण अस्सेण अत्ताभिप्पाआदो वि अहिअं पहरन्तो अदिबहुकदाए परबळस्स अदिप्पउज्जमाणवाआमो विसण्णणट्ठसव्वपारिजणो मए एक्काइणा, णहि णहि, भट्टिणा एव्व रक्खिअमाणो अणुबद्धदिवसजुद्धपरिस्सन्तो बहुप्पहारणिपडिअतुरओ तम्माअमाणसुय्यदारुणाए वेळाए मोहं गदो भट्टा।

यौगन्धरायणः—कथं मोहमुपगतः स्वामी। ततस्ततः।

(क) ततः क्रीडन्निवात्मच्छन्दानुवर्तिना सुन्दरपाटलेनाश्वेनात्माभिप्रायादप्यधिकं प्रहरन् अतिबहुकतया परबलस्यातिप्रयुज्यमानव्यायामो विषण्णनष्टसर्वपरिजनो मयैकाकिना, नहि नहि, भर्त्रैव रक्ष्यमाणोऽनुबद्धदिवसयुद्धपरिश्रान्तो बहुप्रहारनिपतिततुरगस्ताम्यत्सूर्यदारुणायां वेलयां मोहं गतो भर्ता।

तिपद्यते कर्तव्यतयाऽध्यवस्यति। शत्रुवञ्चितस्य लज्जामानधैर्यशौर्यशालिन उपायान्तरमपश्यतः सहायाल्पत्वेऽपीदृशेऽवसरे शत्रुबलप्रवेशसाहसमेव प्रतिपत्तुमुचितमिति भावः। अत्र व्रीलितत्वादिपदार्थानां परबलप्रवेशप्रतिपत्तिसमर्थकत्वात् काव्यलिङ्गमलङ्कारः॥ ७॥

तदो इत्यादि। आत्मच्छन्दानुवर्तिना गतिस्थितिविशेषेषु स्वाभिप्रायानुसारिणा। आत्माभिप्रायाद् अधिकं प्रहरन्, शत्रुषु विषये प्रहरणकर्म यावत् कर्तव्यमित्यात्मनो मनोरथः, ततोऽधिकं क्रियाकाले तत् कुर्वन्नित्यर्थः। अतिप्रयुज्यमानव्यायामः अतिप्रयुज्यमानः स्वशक्तिमतिक्रम्य क्रियमाणः व्यायामः कायिक आयासो येन स तथाभूतः। एकाकिना असहायेन आत्मैकशेषेणेत्यर्थः। सर्वरक्षणशक्तस्य स्वस्वामिनो रक्षणे स्वस्य कर्तृत्वमाख्यायमानमौद्धत्यद्योतकमिव मन्यमानस्तत् प्रतिषेधति—नहि नहीति। भर्त्रैव रक्ष्यमाणः भर्तृभाग्येनैव पाल्यमानः। भर्तृभाग्यगतं रक्षणकर्तृत्वं भर्तर्युपचर्यते, तद्भाग्याधीनं हि तदधीनं भवतीति। भर्तृभाग्ये भर्तृरक्षणं प्रति प्रभविष्णौ विद्यमाने किमप्युपकरणमात्रमहमिति तात्पर्यम्। अनुबद्धदिवसयुद्धपरिश्रान्तः अविच्छिन्नदिनयुद्धपरिखिन्नः। ताम्यत्सूर्यदारुणायां ताम्यत्सूर्यायां ग्लायत्सूर्यायां च अत एव दारुणायां चेति विशेषणोभयपदकर्मधारयः। वेलायाम् अर्थात् सायंसन्ध्यायां। मोहं मूर्छाम्॥

कथमित्यादि॥

हंसकः—(क) तदो जहासत्ति सण्णिहिदगहणुप्पाडिदाहि अवि-ण्णाअमाणजादीहि कक्कसाहि लदाहि पाकिदो विअ सरीरअन्तणादो पह-रिसिदो भट्टा ।

यौगन्धरायणः—कथं प्रधर्षितः स्वामी ।

पीनांसस्य विकृष्टपर्वमहतो नागेन्द्रहस्ताकृते-
श्चापास्फालिकरस्य दूरभरणाद् बाणाधिकारोपिणः ।
विप्राभ्यर्चयितुः श्रमेषु सुहृदां सत्कर्तुरालिङ्गनै-
र्न्यस्तं तस्य भुजद्वयस्य वलयस्थानान्तरे बन्धनम् ॥ ८ ॥

(क) ततो यथाशक्ति सन्निहितगहनोत्पाटिताभिरविज्ञायमानजातिभिः कर्कशाभिर्लताभिः प्राकृत इव शरीरयन्त्रणात् प्रधर्षितो भर्ता ।

तदो इत्यादि । प्राकृत इव सामान्यजन इव । शरीरयन्त्रणाद् देहबन्धनात् । प्रधर्षितः अभिभूतः, अर्थात् परभटैः ॥

कथमित्यादि ।

पीनेति । पीनांसस्य मांसलस्कन्धस्य । विकृष्टपर्वमहतः विकृष्टपर्वणः व्यायामसंस्कृतग्रन्थेः अत एव महतः प्राप्तोपचयस्य । नागेन्द्रहस्ताकृतेः गजवरशुण्डाकारस्य । विशेषणत्रयेण दर्शनीयत्वमुक्त्वा द्वाभ्यां शूरत्वमाह—चापास्फालिकरस्य चापास्फालिनौ धनुर्ज्यापारणशीलौ करौ पाणी यस्य तस्य तथाभूतस्य । दूरभरणाद् दूरम् अत्यर्थं भरणात्, स्वकृत्यसहायकृत्ययोरात्मैकानिर्वाह्यनयोपनतात् कृत्यातिभारादित्यर्थः । बाणाधिकारोपिणः बाणानाम् अधिकारोपिणः अधिकं स्वशक्त्यतिक्रमेण आरोपयितुं चापे सन्धातुं शीलमस्येति तथाभूतस्य । विप्राभ्यर्चयितुः ब्राह्मणपूजकस्य । श्रमेषु आयाससाधितेषु कर्मसु विषये । आलिङ्गनैः बहुमानसर्वस्वभूतैः परिष्वङ्गैः । सुहृदाम्, अर्थात् कृतकर्मणां । सत्कर्तुः पूजयितुः । तस्य उक्तानुक्तबहुगुणविख्यातस्य । तत्पदेन स्वामिपरामर्शात् स्वामिसम्बन्धिन इति वार्थः । भुजद्वयस्य, वलयस्थानान्तरे कङ्कणभूषणीये स्थानविशेषे, प्रकोष्ठे इत्यर्थः । बन्धनं, न्यस्तं निवेशितम् । अत्र अतिकष्टो दशाविपर्यासः स्वामिनो दैवेनापादित इति शोकातिशयो यौगन्धरायणस्य द्योत्यते ॥ ८ ॥

अथ कस्यां वेलायां प्रत्यागतप्राणः स्वामी ।

हंसकः—(क) अय्य ! अवसिदावळेवेसु पावेसु ।

यौगन्धरायणः—दिष्ट्या शरीरं धर्षितं, न तेजः । ततस्ततः ।

हंसकः—(ख) तदो पच्चाअदप्पाणं दाणि भट्टारं पेक्खिअ अणेण मम भादा हदो अणेण मम पिदा अणेण मम सुदो मम वअस्सो त्ति अण्णहा भट्टिणो परक्कमं वण्णअन्ता सव्वदो अभिद्दुदा दे पावा ।

यौगन्धरायणः— ततस्ततः ।

(क) आर्य ! अवसितावलेपेषु पापेषु ।

(ख) ततः प्रत्यागतप्राणमिदानीं भर्तारं प्रेक्ष्यानेन मम भ्राता हतोऽनेन मम पितानेन मम सुतो मम वयस्य इति अन्यथा भर्तुः पराक्रमं वर्णयन्तः सर्वतोऽभिद्रुतास्ते पापाः ।

अथेत्यादि । अथशब्दो वाक्यारम्भे । प्रत्यागतप्राणः प्रत्यापन्नसंज्ञः ॥

अय्येति । आर्य ! पापेषु दुष्टेषु परभटेषु । अवसितावलेपेषु अवसितः परिसमाप्तः अवलेपः अविनयः स्वामिबन्धनलक्षणो येषां तेषु सत्सु । प्रत्यागतप्राण इत्यनुषज्यते ॥

दिष्ट्येति । शरीरं संज्ञाप्रणाशनिश्चेष्टः केवलः स्वामिनो देहः । धर्षितं बन्धनेन परिभूतम् । तेजः शौर्यम् । न धर्षितं, ससंज्ञस्य बन्धने हि तेजो धर्षितमिति वक्तुं शक्यमिति भावः । संज्ञाप्रत्यागमनोत्तरकाले चेत् पापानामुद्यमोऽभविष्यत्, स्वामी तेजःप्रकाशनेन बन्धनावसरमेव नादास्यदित्यप्याशयः । दिष्ट्येति हर्षेऽव्ययम् । स च स्वामितेजोधर्षणाभावकृतः ॥

तदो इत्यादि । इदानीं प्रत्यागतप्राणं, बन्धनोत्तरकाले प्रतिलब्धसंज्ञम् । अनेनेत्यादयश्चत्वारो भर्तृविक्रमवर्णनप्रकाराः । इत्यन्यथा, ईदृशैः 'मम मातुलो' 'मम भागिनेय' इत्यादिभिरन्यैः प्रकारैरित्यर्थः । अथवा स्वविषयापराधवर्णनभङ्ग्येत्यर्थः । अनेनेति तृतीयान्तमादिममेकमेव मातृकान्तरे पठ्यते । सर्वतः अभिद्रुताः समन्ताद् अभिमुखं प्रधाव्यागताः । इदमत्र विशेयं—कालिदासप्राचीनो भामहो नामालङ्कारिककूटस्थोऽस्या नाटिकायाः स्वसमयसुप्रसिद्धत्वान्नामधेयमगृहीत्वैव तदाश्रितेतिवृत्तौचित्यं काव्यालङ्कारे विचारयन् प्रसङ्गाद् 'अणेण मम भादा' इत्या-

हंसकः—(क) अण्णं च दाणि अच्चरिअं। अण्णोण्णाणुणएण तहिं एक्को ववसिदो अकय्यं कत्तुं। सो दक्खिणाहिमुहं परिवत्तिअ भट्टारं समरवाआमसङ्खोहिदाणि णिरुवआरं सङ्खिविअ केसाणि पीडिअ करेण करवाळं पहारवेगं उप्पादइदुकामो आधावन्तो —

यौगन्धरायणः— हंसक! वृत्तान्तं तावदाधारय, यावदहमुच्छ्वसामि।

(क) अन्यच्चेदानीमाश्चर्यम्। अन्योन्यानुनयेन तत्रैको व्यवसितोऽकार्यं कर्तुम्। स दक्षिणाभिमुखं परिवर्त्य भर्तारं समरव्यायामसंक्षोभितान् निरुपचारं संक्षिप्य केशान् पीडयित्वा करेण करवालं प्रहारवेगमुत्पादयितुकाम आधावन्—

दिवाक्यं शब्दतोऽर्थतश्चानूदितवान्, यथा—'हतोऽनेन मम भ्राता मम पुत्रः पिता मम। मातुलो भागिनेयश्च रुषा संरब्धचेतसा॥' (परिच्छे ४.) इति। अयमर्थः स्वप्नवासवदत्तोपोद्घाते विस्तरशस्माभिर्विचारितः॥

ततस्तत इति॥

अण्णं चेत्यादि। आश्चर्यम् अद्भुतम्। तच्च विवरीष्यमाणां दैवघटनामनुसन्धाय। अच्चाहिदं इत्यपि पाठः। अन्यच्च अत्याहितम्, एकं महाभयस्थानं बन्धनात्मकमुक्तम् अपरं च महाभयस्थानं संभूतमित्यर्थः। तस्यैव विवरणम् अन्योन्येत्यादिना। तत्र तेषु पापेषु मध्ये। अन्योन्यानुनयेन परस्परस्य सान्त्वनेन 'त्वं कुरु त्वं कुर्वि'ति परस्परं प्रति तेषामेव प्रार्थनवाक्येनेत्यर्थः। एकः अकार्यं कर्तुं व्यवसितः, पापिष्ठः कश्चिद् गर्हितं कर्म कर्तुम् उद्युक्तः। एक इत्युक्त्या अन्ये सर्वेऽन्याननुनीय प्रेरयन्तोऽप्यकार्ये स्वयं न प्रवृत्ता इत्यर्थसिद्धम्। तेन पापिनामपि स्वयमनुष्ठानवैमुख्यजननी तस्याकार्यस्य गर्ह्यतायाः परा काष्ठा तदनुष्ठातुः पापिष्ठता च ध्वन्यते। 'अण्णोण्णाणुणएण तहिं' इति क्वचिन्न पठ्यते। तदा तूत्तानोऽर्थः। दक्षिणाभिमुखं परिवर्त्य, उत्तानशायितमपवर्तनेन दक्षिणाभिमुखं कृत्वेत्यर्थः। समरव्यायामसंक्षोभितान् युद्धव्यापारव्याकुलितान्। निरुपचारम् उपचारो माल्यालङ्कारादि, तच्छून्यं यथा भवति तथा। करवालं खड्गम्। उत्पादयितुकाम आधावन्निति, आधाव्य दीयमानो हि खड्गप्रहारः सवेगो भवति। इह 'तुंकाममनसोरपि' इति तुमुनो मलोपः॥

हंसकवाक्ये सावशेषे दुःखमसहमान आह—हंसकेत्यादि। अहं यावद् यत्कालावधि। उच्छ्वसामि दुःखादाश्वसिमि। तावत् तत्कालावधि। वृत्तान्तम्

हंसकः—(क) तदो रुहिरपडलपिच्छिळाए भूमीए सो णिसंसओ सएण वेएण ओघट्टिदचळणो पडिहदारम्भो हदो पडिदो ।

यौगन्धरायणः—पतितः पाप एषः । भोः !

परचक्रैरनाक्रान्ता धर्मसङ्करवर्जिता ।
भूमिर्भर्तारमापन्नं रक्षिता परिरक्षति ॥ ९ ॥

(क) ततो रुधिरपटलपिच्छिलायां भूमौ स नृशंसः स्वेन वेगेनावघट्टितचरणः प्रतिहतारम्भो हतः पतितः ।

आधारय ईषत् स्थापय विरमय, मदाश्वासानन्तरं वृत्तान्तशेषं ब्रूहीत्यभिप्रायः । धारयेत्यपि पाठः । अथवा उच्छ्वसामीत्यस्य निःश्वासानन्तरकार्यमुच्छ्वसनं करोमीत्यर्थः । अयं भावः —प्राणिसामान्यसुकरमपि स्वामिदुर्गतिविशेषश्रवणव्यतिकरेऽस्मिन् दुःखोद्रेकाद् दुष्करतां प्रतिपन्नमुच्छ्वसनं प्रयत्नेन साधयित्वा पर्यवस्थाप्य मानसं पश्चाद् वृत्तान्तशेषं श्रोष्यामीति । इह उच्छ्वसामीति गणकार्यानित्यतया शपो लुगभावः, 'आश्वसेयुर्निशाचराः' इति भट्टिप्रयोगवत् ॥

तदो इति । ततः, स नृशंसः क्रूरकर्मा । रुधिरपटलपिच्छिलायां रुधिरपटलेन रक्तौघेन पिच्छिलायां मण्डयुक्तायां पङ्किलायामित्यर्थः । भूमौ, स्वेन वेगेन आधावनजनितेन आत्मवेगेन । अवघट्टितचरणः अवघृष्टपादः । प्रतिहतारम्भः विघ्नितयत्नः । हतः प्रतिबद्धः भग्नाशो वा ॥

पतित इत्यादि ।।

स्वामिरक्षायां भूम्यवस्थाविशेषस्य निमित्तस्योपलम्भाद् भूमेरेव कर्तृत्वं सिद्धं मन्यमानस्तस्यौचित्यं समर्थयते — **परेति** । परचक्रैः शत्रुसैन्यैः शत्रुकैतवैर्वा । अनाक्रान्ता अपीडिता । धर्मसङ्करवर्जिता धर्माणां वर्णाश्रमसंबन्धिनां सङ्करेण व्यामिश्रणेन वर्जिता रहिता । उक्तविशेषणद्वययोगस्य रक्षणगुणायत्तत्वादाह— रक्षिता सम्यङ् निष्पन्नरक्षेत्यर्थः । भूमिः वत्सभूमिः । आपन्नं विपद्गतम् । भर्तारं स्वरक्षकं । परिरक्षति, उपकारे सति प्रत्युपकारौचित्यादिति भावः । एतेन, वत्सराजः स्वभूमिप्रदेश एव प्रद्योतभूमिसीमानिकटगते शत्रुभिश्छलित इति गम्यते । अन्योन्यालङ्कारः । 'चक्रः कोके पुमान् क्लीबं व्रजे सैन्यरथाङ्गयोः । राष्ट्रे दम्भान्तरे' इति मेदिनी ॥ ९ ॥

हंसकः—(क) तदो भट्टिणा पुढमं कुन्तप्पहारजणिदमोहो साळङ्काअणो णाम पज्जोदस्स अमच्चो 'माखु माखु साहसं' त्ति भणिअ तं देसं उवट्ठिदो ।

यौगन्धरायणः—ततस्ततः ।

हंसकः—(ख) तदो तक्काळदुल्ळहं पणामं करिअ सरीरअन्तणादो तेण मोइदो भट्टा।

यौगन्धरायणः—विमुक्तः स्वामी । साधु भोः शालङ्कायन ! साधु । अवस्था खलु नाम शत्रुमपि सुहृत्त्वे कल्पयति । हंसक ! व्यसनात् किञ्चिदुच्छ्वसितमिव मे मनः । अथ किं प्रतिपन्नं तेन साधुना ।

हंसकः—(ग) तदो तेण अय्येण अणेअं सोवआरं सन्तिवअणं भणिअ

(क) ततो भर्त्रा प्रथमं कुन्तप्रहारजनितमोहः शालङ्कायनो नाम प्रद्योतस्यामात्यो 'माखलु माखलु साहसमि'ति भणित्वा तं देशमुपस्थितः ।

(ख) ततस्तत्कालदुर्लभं प्रणामं कृत्वा शरीरयन्त्रणात् तेन मोचितो भर्ता ।

(ग) ततस्तेनार्येणानेकं सोपचारं शान्तिवचनं भणित्वा गाढबहुप्रहार-

---

तदो इत्यादि । प्रथम कुन्तप्रहारजनितमोहः, पूर्वं प्रासताडनोत्पादितमूर्छः । अर्थादिदानीं प्रत्यापन्नसंज्ञ इति गम्यते । माखलु माखलु, कुरुतेत्यध्याहारः । साहसं क्रूरकर्म । तं देशं यत्र बद्ध्वा शायित उदयनः । उपस्थितः प्राप्तः ॥

तत इत्यादि ॥

तदो इत्यादि । तत्कालदुर्लभं तत्काले तथाविधपरिभवानुभवावसरे दुर्लभम् । शरीरयन्त्रणाद् देहबन्धनात् । तेन शालङ्कायनेन ॥

विमुक्त इत्यादि । साधु त्वदाचरितं श्लाघनीयमित्यर्थः । अतिशोच्या स्वामिनस्तदानीन्तनी दशा वैरिणमपि शालङ्कायनं कृपोपजननेन बन्धमोचनात्मकं सुहृत्कर्म कारितवतीति प्रकृते विशेषे स्थिते तद्गमकं सामान्यमाह—अवस्थेति । अवस्था दुर्दशा । शत्रुमपि, सुहृत्त्वे कल्पयति, दुर्दशापरिहारानुकूले मित्रसाध्ये कर्मणि प्रेरयतीत्यर्थः । अथ मोचनानन्तरं । किं प्रतिपन्नं किमाचरितम् ॥

तदो तेणेति । सोपचारं सादरम् । गाढबहुप्रहारतया गाढाः दृढाः बहु-

गाढबहुप्पहारदाए असमत्थो वाहणासणत्ति खन्धसअणं आरोविअ उज्जइणिं एव्व णीदो भट्टा ।

यौगन्धरायणः—नीतः स्वामी । एष सोऽनर्थः ,

एतत् तन्न्यङ्गमस्माकमेष सोऽतिमनोरथः ।
प्रद्योतस्य मनस्वित्वात् स्वामी दुःखेषु वर्तते ॥ १० ॥

अथ ,

कथमगणितपूर्वं द्रक्ष्यते तं नरेन्द्रः
कथमपुरुषवाक्यं श्रोष्यते सिद्धवाक्यः ।

तयासमर्थो वाहनासन इति स्कन्धशयनमारोप्योज्जयिनीमेव नीतो भर्ता ।

वश्च प्रहाराः अभिघाता यस्य तस्य भावस्तत्ता तया । वाहनासने अश्वाद्युपवेशे । खन्धसअणं इति पाठः । स्कन्धशयनं स्कन्धवाह्यं शयनीयम् । बन्धसअणं इत्यपपाठः । उज्जयिनीं प्रद्योतराजधानीम् ॥

नीत इत्यादि ।

एतदिति । 'एष सोऽनर्थः' इति पूर्ववाक्यमिह संबध्यते । एषः ग्रहीकृत्य स्वामिनो नयनमित्येतद् । अस्माकं, सोऽनर्थः पूर्वतर्कितोऽनर्थः । एतद् ग्रहीकृत्य स्वामिनो नयनं । अस्माकं, तत् न्यङ्गं चारवाचा पूर्वतर्कितमवद्यम् । एषः ग्रहीकृत्य स्वामिनो नयनं । प्रद्योतस्य महासेनस्य । सः अतिमनोरथः , पूर्वतर्कितो मनोरथान्तरातिशायी मनोरथः , सर्वविधवाञ्छितार्थातिशायी वाञ्छितार्थ इत्यर्थः । स्वामी , दुःखेषु ईदृशावसरसहजेषु व्यसनेषु । अनुभूयमानेष्विति शेषः । मनस्वित्वाद् धीरचित्तत्वात् । वर्तते जीवति । अमनस्वित्वे जीवनमेव तावद् दुष्करमिति भावः । महस्वित्वादिति पाठे स्वामी, महस्वित्वाद् तेजस्वित्वाद् दुःखेषु वर्तते दुःखान्यनुभवतीत्यर्थः । स्वतेजःप्रत्ययाद्धि स्वामी वारितपरिवार एकाकी गजवनं प्रविष्टो दुःखं प्राप्त इति कृत्वा तेजस्वित्वे दुःखकारणत्ववाचोयुक्तिः । अत्र 'एष सः' इत्यादौ तत्पदस्य विधेयविशेषणतयान्वयो व्याख्यातः ; उद्देश्यविशेषणतयान्वये तु—ग्रहीकृत्य स्वामिनो नयनं नाम यत् संभूतं तदिदम् अस्माकमनर्थः ; अस्माकं न्यङ्गं, प्रद्योतस्यातिमनोरथ इति रीत्या व्याख्येयम् । एष इति पुंस्त्वं विधेयानुरोधात् ॥ १० ॥

अथेति । उज्जयिनीप्राप्त्यनन्तरम् ।

कथमविषयवन्ध्यं धारयिष्यत्यमर्षं
प्रणिपतति निरुद्धः सत्कृतो धर्षितो वा ॥ ११ ॥

(प्रविश्य)

प्रतीहारी—(क) अय्य ! एसा पडिसरा ।

यौगन्धरायणः—

(क) आर्य ! एषा प्रतिसरा ।

उज्जयिनीसंभाव्यानि दुःखनिमित्तान्युत्प्रेक्षमाणः स्वामिनमनुशोचति—कथमिति । नरेन्द्रः राजा । अगणितपूर्वं अवज्ञातपूर्वं तं प्रद्योतम् । कथं द्रक्ष्यते कथं विलोकिष्यते कथंशब्दो गर्हायाम् । प्रद्योतदर्शनं ह्यस्यामवस्थायामतिव्रीडावहत्वात् कुत्सितं; तदिदानीमवर्जनीयत्वेनापतितमासाद्य लज्जादुःखं नैव सहिष्यत इति भावः । सिद्धवाक्यः मङ्गलवचनः । नरेन्द्रः । अपुरुषवाक्यं कापुरुषसाधारणं वचनं क्व गतस्तवेदानीं शौर्योत्सेकः ' इत्यादिरूपम् , अर्थात् प्रद्योतेन भण्यमानम् । 'कथं श्रोष्यते कथमाकर्णयिष्यति । प्रद्योतवाक्यश्रवणं ह्यतिव्रीडावहत्वात् कुत्सितं; तदेतदवर्ज्योपनतमासाद्य लज्जादुःखं नैव सहिष्यत इति भावः । नरेन्द्रः, अविषयवन्ध्यम् अविषयेण जय्यविषयाभावेन वन्ध्यं निष्फलम् । अमर्षं स्वजेतृप्रद्योतविषयम् कोपम् । कथं धारयिष्यति कथं हृदि गूहिष्यति । धारणे गत्यभावात् क्रियमाणेमहत् कृच्छ्रमनुभविष्यतीति भावः । अथ गृहीतमपि मनस्वित्वात् स्वामिनं प्रद्योतः पूजयति, तदापि स्वामिनो दुःखमस्तीति सामान्यन्यायमुखेनाह—निरुद्धः प्रगृहीतो जनः । सत्कृतो धर्षितो वा, पूजितो वा तिरस्कृतो वा भवन् । प्रणिपतति निरोद्धारं प्रह्वो भवति । एवञ्च स्वामिनः सत्क्रियमाणस्यापि परप्रह्वीभावदुःखमवर्जनीयमन्ततः स्थितमेवेति भावः । इह द्रक्ष्यते श्रोष्यत इति कर्तृलृट आत्मनेपदकरणमार्षम् । अथवा 'ततः स ददृशे च तौ' 'तच्छृणुष्व मया ख्यातं' 'नन्दते च कुलं पुंसाम्' इति चण्डीप्रयोगेष्वात्मनेपदानुपपत्तिमाशङ्क्य ' कर्मकर्तरि वा रूपाणि' इति समाधानमुक्तं दुर्घटवृत्तौ । सैव गतिरिह द्रष्टव्या पाणिनीयत्वसमर्थनाभिनिवेशिभिः । किन्त्वस्मिन् पक्षे कथञ्चिद् गम्यमानोद्दिधिक्रियापेक्षया कर्मत्वमाश्रित्य तमिति द्वितीयान्तप्रयोगः साध्यः ॥ ११ ॥

अय्येत्यादि । प्रतिसरा यामानेतुं प्रतिहारी पूर्वं गता, सा । जातौ चैकवचनम् ॥

एतानि तान्यापतितानि काले भाग्यक्षयान्निष्फलमुद्यतानि ।
तुरङ्गमस्येव रणे निवृत्ते नीराजनाकौतुकमङ्गलानि ॥ १२ ॥

प्रतीहारी —(क) अय्य ! इमा पडिसरा ।

यौगन्धरायणः—विजये ! स्थाप्यताम् ।

प्रतीहारी —(ख) किं त्ति भट्टिमादरं णिवेदेमि ।

यौगन्धरायणः—विजये ! एवमेतत् ।

प्रतीहारी—(ग) किं एदं ।

(क) आर्य ! इयं प्रतिसरा ।

(ख) किमिति भर्तृमातरं निवेदयामि ।

(ग) किमेतत् ।

एतानीति । उद्यतानि यत्नसाधितानि । एतानि तानि इमानि पूर्वंप्रार्थितानि वस्तूनि प्रतिसरारूपाणि । भाग्यक्षयात् शुभादृष्टनाशात् । काले निवृत्ते उपयोगावसरे अतीते सति । निष्फलं निष्प्रयोजनं यथा भवति तथा । आपतितानि उपनतानि । अत्रोपमामाह—रणे निवृत्ते युद्धे अवसिते सति । तुरङ्गमस्य अश्वस्य । नीराजनाकौतुकमङ्गलानीव नीराजना आरात्रिकाख्यम् आरोग्यबलाद्यर्थं युद्धात् प्राक् कर्तव्यं शान्तिकर्म, तदेव कौतुकम् उत्सवः, तस्य मङ्गलानीव तदुपयोज्यानि दीपपुष्पादीनि मङ्गलद्रव्याणीव । इह एतानीति वस्तुत्वसामान्यविवक्षया नपुंसकम् । सा च प्रतिसराणाम् अनुपयोगप्रयुक्तं विशेषरूपेऽनादरं व्यङ्क्तुम् ॥ १२ ॥

स्ववाक्यमदत्तावधानमिव मन्यमाना पुनरप्याह—अय्येत्यादि ॥

विजय इत्यादि । स्थाप्यतां, प्रतिसरा यत आनीता तत्रैव निवेश्यताम् ॥

किं त्तीत्यादि । भर्तृमातरं, प्रतिसराया अनुपयोगे कारणं पृच्छन्तीमित्यार्थम् । किमिति केन प्रकारेण ॥

विजये इति । एतत् बुद्धिस्थं स्वामिवृत्तं निवेद्यवस्तु । एवम् अनेन प्रकारेण वर्तत इति शेषः ॥

अस्पृष्टत्वात् पृच्छति—किं एदमिति ॥

यौगन्धरायणः—इदम् ।

प्रतीहारी—(क) भणादु भणादु अय्यो भणादु ।

यौगन्धरायणः—अथवा नैतच्छक्यं परिहर्तुम् । निवेदयिष्याम्यत्रभवत्यै । विजये ! स्थिरीक्रियतामात्मा (कर्णे) एवमिव ।

प्रतीहारी—हं ।

यौगन्धरायणः—विजया खल्वसि ।

प्रतीहारी—(ख) एसा गच्छामि मन्दभाआ ।

यौगन्धरायणः—विजये ! न खलु त्वयात्रभवत्यै गृहीतः स्वामीति सहसा निवेदयितव्यम् । स्नेहदुर्बलं मातृहृदयं रक्ष्यम् ।

(क) भणतु भणत्वार्यो भणतु ।

(ख) एषा गच्छामि मन्दभागा ।

बुद्धिस्थं विशेषाकारेण कथयितुमनिच्छन् सर्वनाम्नैव पुनरप्युत्तरमाह—इदमिति ॥

भणाद्वित्यादि । भणतु कथयतु । त्रिर्भणनप्रार्थनमौत्सुक्यातिशयात् ॥

अथवेत्यादि । अथवेत्यनेन कथनानिच्छा प्रतिक्षिप्यते । एतत् स्वामिवृत्तकथनम् । परिहर्तुं न शक्यं, जननीं प्रति तद्गोपनानौचित्यं विचार्येत्यार्थम् । अत्र—भवत्यै पूज्यायै स्वामिजनन्यै । आत्मा स्थिरीक्रियतां, तव मनः कथयिष्यमाणवृत्तान्तश्रवणेन पर्याकुलं यथा न भवेत्, तथा धैर्येऽवस्थाप्यतामित्यर्थः । कर्णे इति कथयतीति शेषः । कर्णे कथनं च कथ्यमानस्यार्थस्याप्रकाश्यत्वसूचनाय । एवमिवेति । एष वृत्तान्तप्रकार इत्यर्थः । इवेति वाक्यभूषणम् ॥

हमिति । अनिष्टत्वसूचनम् । 'हा' इति पाठे कष्टमित्यर्थः ॥

विजयेति । विजया खल्वसि सुप्रसिद्धधैर्या खलु भवसि । अथवा यथामन्निदेशानुष्ठायिनी खलु भवसि । अतो यथामन्निदेशं मनः स्थिरीकृत्य मा मनागपि शोकं प्रकाशयेत्यभिप्रायः । इह विजयापदमर्थान्तरसंक्रमितवाच्यम् ॥

एसेत्यादि । मन्दभागा अल्पभाग्या ॥

विजये न खल्वित्यादि । सहसा सद्यः अतर्कितं यथा भवति तथेत्यर्थः । स्नेहदुर्बलं, स्नेहेन हेतुना दुर्बलं पुत्रविपत्तिसहनासमर्थम् । रक्ष्यं पालनीयम् । स-

प्रतीहारी—(क) कहं दाणि णिवेदेमि ।

यौगन्धरायणः—शृणु ।

पूर्वं तावद् युद्धसम्बद्धदोषाः प्रस्तोतव्या भावनाः संशयानाम् ।
सान्दिग्धेऽर्थे चिन्त्यमाने विनाशे रूढे शोके कार्यतत्त्वं निवेद्यम् ॥ १३ ॥

प्रतीहारी—(ख) घत्तिस्सं । (निष्क्रान्ता ।)

यौगन्धरायणः—हंसक ! त्वमिदानीं स्वामिना किं न गतः ।

(क) कथमिदानीं निवेदयामि ।

(ख) ग्रहीष्यामि ।

हसा निवेदने ह्यरक्षितं स्यात्, अर्थाद् दुःखं सोढुमशक्नुवत् मोहमुपगच्छेदित्यभिप्रायः ॥

कहमित्यादि । मातृहृदयरक्षणानुकूलं निवेदनप्रकारमुपदिशेति प्रश्नाशयः ॥

पूर्वमिति । संशयानां 'पुत्रः शत्रुभिः प्रहृतो वा गृहीतो वे'त्यादिसन्देहानाम् । भावनाः उत्पादकाः । युद्धसंबद्धदोषाः युद्धसंभाविता अनर्थाः । पूर्वं तावत् कार्यतत्त्वनिवेदनात् प्रागेव । प्रस्तोतव्याः प्रक्रमणीयाः । प्रस्तावस्य प्रयोजनमाह—अर्थे युद्धप्रविष्टपुत्रक्षेमरूपे जिज्ञासिते वस्तुनि । सान्दिग्धे सति युद्धदोषप्रस्ताववशादत्रभवत्या शङ्किते, 'शत्रुभिः पुत्रः प्रहृत उत गृहीतो मारितो वे'त्यादिरीत्या संशयिते सतीत्यर्थः । विनाशे चिन्त्यमाने सति, अतिस्नेहस्य पापशङ्कित्वात् मारणपक्षे उत्कटतया तर्क्यमाणे सति । शोके रूढे सति विनाशचिन्ताजन्ये दुःखे प्रतिष्ठिते सति । कार्यतत्त्वं कार्यस्य प्रधानार्थस्य तत्त्वं स्वरूपं, 'गृहीतो भर्ते'त्येतादृशं । निवेद्यम् । तर्कितानर्थश्रवणजन्यं हि दुःखमतर्कितानर्थश्रवणजन्यात् किञ्चिल्लघु भवतीति, पुत्रग्रहणवार्ताश्रवणदुःखं तन्मरणशङ्कादुःखाद् वरमिति च कृत्वेदृशो निवेदनप्रकारोपदेशो दत्तः ॥ १३ ॥

घत्तिस्सामिति ॥

हंसकेत्यादि । स्वामिना, स्कन्धशयनमारोप्य नीयमानेन सह । किं न गतः, अर्थादुज्जयिनीम् ॥

हंसकः—(क) अय्य ! ववसिदो खु अहं अत्ताणं अणुग्गाहिदुं सालङ्काअणेण णिउत्तो —गच्छ, इमं वुत्तन्तं कोसम्बीए णिवेदेहि त्ति।

यौगन्धरायणः—किन्नुखल्विदानीं निराशमनुसारं कर्तुकामः, उताहो स्निग्धपुरुषसन्निकर्षं परिहरति।

हंसकः—(ख) अहइं।

यौगन्धरायणः—स स्वकं विस्मयादात्मानमाविष्करोति, उत सर्वारम्भसिद्धौ रमणीयं भवति। अथ मामन्तरेण स्वामी न किञ्चिदाह।

(क) आर्य! व्यवसितः खल्वहमात्मानमनुग्रहीतुं सालङ्कायनेन नियुक्तः—गच्छेमं वृत्तान्तं कौशाम्ब्यां निवेदयेति।

(ख) अथाकिम्।

अय्येत्यादि। व्यवसित उद्युक्तः। अनुग्रहीतुं स्वाम्यनुगमनेन कृतार्थयितुम्॥

नियुक्तवतोऽभिप्रायं विकल्पयति—**किन्न्विति**। इदानीमिति वाक्यभूषणम्। निराशं निर्गता आशा यस्मात् तं, स्वामिना असंभवधिया अनाशंसितमित्यर्थः। यद्वा स्वामिसंबन्धिनः कस्यचिदपि साध्याशाबन्धस्य स्वार्थबाधकस्यास्थानमित्यर्थः। अनुसारम् अनुकूलवृत्तिं स्वामिक्षेमवार्ताप्रेषणात्मिकाम्। कर्तुकामः किन्नुखलु कर्तुमिच्छति किम्, अर्थात् स्वामिप्रीत्यर्थम्। 'ईदृशेनानुसारेणास्मत्स्वार्थविरोधि न किञ्चित् परस्य समीहितं संपत्स्यते' इति कृत्वा तस्मिन्ननुसारे किं प्रवृत्त इति भावः। उताहो अथवा। स्निग्धपुरुषसन्निकर्षं स्निग्धस्य भृत्यस्य स्वामिसमीपस्थितिम्। परिहरति, परिहाराभावे हि तन्मुखेन कमपि यत्नं स्वामी स्वमोचनाय प्रच्छन्नमारभेतेति॥

अथकिमिति विकल्पस्याभ्युपगमे॥

पुनर्विकल्पयति—**स इति**। सः, विस्मयाद् दर्पात्। स्वकं वञ्चकतया कुत्सितं स्वीयम्। आत्मानं बुद्धिम्। आविष्करोति प्रकाशयति। स्वामिवृत्तान्तनिवेदनभङ्ग्या कौशाम्बीजनेभ्यः स्वबुद्धिसामर्थ्यं प्रकाशयितुमिच्छति किमित्यर्थः। उत अथवा। सर्वारम्भसिद्धौ सर्वविधस्य स्वोद्यमस्य सिद्धौ स्वामिग्रहणरूपफलप्राप्तौ सत्याम्। रमणीयं भवति, ईदृशं रतिस्थानं क्रीडास्थानं प्रवर्तते किम्। अर्थात् सालङ्कायनस्य। स ह्यवाप्तकामः ईदृशस्वामिवार्ताप्रेषणलीलया किं क्रीड-

हंसकः—(क) अय्य ! अत्थि, पदक्खिणीकरअन्तो भट्टारं अन्तज्जळावगाढाए दिट्ठिए बहुकं सन्दट्ठुकामेण विअ म्हि भट्टिणा उत्तो—गच्छ जोअन्ध। (इत्यर्धोक्ते तिष्ठति।)

यौगन्धरायणः—स्वैरमभिधीयतां स्वामिवाक्यमेतत्।

हंसकः—(ख) जोअन्धराअणं पेक्खेहि त्ति।

(क) आर्य ! अस्ति, प्रदक्षिणीकुर्वन् भर्तारमन्तर्जलावगाढया दृष्ट्या बहुकं सन्देष्टुकामेनेवास्मि भर्त्रोक्तः गच्छ यौगन्ध।

(ख) यौगन्धरायणं प्रेक्षस्वेति।

तीत्यभिप्रायः। 'चित्रे दर्पे च विस्मयः' इति यादवः। 'आत्मा पुंसि स्वभावे च प्रयत्नमनसोरपि। धृतावपि मनीषायाम्' इति मेदिनी। रमणीयमिति करणेऽधिकरणे वा कृत्यप्रत्ययः रमन्तेऽनेनास्मिन् वेति व्युत्पत्त्या। विकल्पं परिसमाप्य पृच्छति—अथेत्यादि। मामन्तरेण मामुद्दिश्य॥

अय्येत्यादि। अस्ति, अर्थान्निवेद्यवस्तु। प्रदक्षिणीकुर्वन् प्रगतो दक्षिणं प्रदक्षिणः तं कुर्वन्। अन्तर्जलावगाढया अन्तर्बाष्पपूर्णया। एतेन दृष्ट्यवस्थावर्णनेन कण्ठस्य बाष्पस्तब्धता सन्देशवाक्यप्रसरपरिपन्थिनी सूचिता। बहुकं बहुमर्थम्। प्रास्थानिकप्रदाक्षिणीकारवेलायां भर्त्रा बहुसन्देशवचनादित्सामाविष्कृतवतापि बाष्पस्तब्धकण्ठतया तां सफलयितुमशक्नुवता कथञ्चिदेकमेव वाक्यमत्यल्पं 'गच्छ यौगन्धरायणं पश्ये'त्येवमात्मकमभिहितमिति वाक्यार्थः। ईदृशी अर्थकल्पना प्रतिमानाटके चारुतरभङ्ग्यन्तराश्रया दृश्यते—'कमप्यर्थं चिरं ध्यात्वा वक्तुं प्रस्फुरिताधराः। बाष्पस्ताम्भितकण्ठत्वादनुक्त्वैव वनं गताः॥' इति॥

इतीत्यादि। तिष्ठति पूज्यजननामग्रहणानौचित्यशङ्कया पदशेषोच्चारणाद् विरमतीत्यर्थः॥

स्वैरमित्यादि। स्वैरम् अशङ्कितम्। अभिधीयतां मन्नामधेयमुच्चार्यताम्। एतत् त्वयाभिधीयमानं। स्वामिवाक्यं, न तु स्ववाक्यम्। अतोऽन्योच्चारितनामानुवादे न कश्चिद् दोष इति भावः॥

जोअन्धरायणं पेक्खेहित्तीति। अनेन वाक्यसंक्षेपेण, त्वया निवेदितसर्ववृत्तान्तः समुचितप्रतीकारारम्भैर्विपत्तेर्मामवश्यं मोचयेदित्येषोऽर्थो द्योत्यते॥

यौगन्धरायणः—मा तावत्। सर्वसचिवमण्डलमतिक्रम्यैको यौगन्धरायणो द्रष्टव्य इत्याह।

हंसकः—(क) अहइं।

यौगन्धरायणः—तेन हि अनर्हप्रतिक्रियमनिर्विष्टभर्तृपिण्डमनुपकृतराजसत्कारं यदि खलु मां द्रष्टव्यं मन्यते स्वामी।

(क) अथकिम्।

मा तावदिति। माशब्द आशङ्कायाम्। त्वदुक्तमाशङ्कनीयमेव, न तु सहसा सम्प्रतिपत्तियोग्यमित्यर्थः। आशङ्काबीजं च बहुसचिवान्तरानादरः। अत एव तत्प्रामाण्यनिश्चयार्थम् आशङ्काकारणोपन्यासगर्भं पृच्छति—सर्वेत्यादि। आहेति काकुः॥

अथकिमिति अभ्युपगमे, त्वामेवैकं भर्ता द्रष्टव्यमाह, न तु सचिवमपरं कञ्चिदित्यर्थः॥

इदानीं दर्शनार्हतापेक्षितसचिवगुणसम्पद्विरहमात्मनः समर्थयन् हंसकोक्तेऽर्थे तन्मूलात् प्रामाण्यसन्देहात् पुनरपि पृच्छति—**तेनहीति**। तेनहि तर्हि। अनर्हप्रतिक्रियम् अर्हप्रतिक्रियारहितम् अनागतायामेव विपदि योग्यां प्रतिक्रियामकृतवन्तमित्यर्थः। अत एव, अनिर्विष्टभर्तृपिण्डम् अनिर्विष्टः कुत्सितं यथा भवति तथा उपभुक्तः भर्तृपिण्डः स्वाम्यन्नं येन तम्। पूर्वसंविहितभर्तृविपत्प्रतिक्रियत्वे हि सुनिर्विष्टभर्तृपिण्डोऽभविष्यमित्यभिप्रायः। अत एव च अनुपकृतराजसत्कारम् अनुपकृतः कुत्सितं यथा भवति तथा उपयुक्तः राजसत्कारः स्वामिकर्तृका पूजा येन तम्। पूर्ववदभिप्रायः। उभयत्र कुत्सार्थनञ्समासः। एतावता स्वामिनं प्रति निजकृत्याननुष्ठानदोषजुगुप्सनीयदर्शनत्वमात्मनः सूचितम्। मां द्रष्टव्यं द्रष्टुं योग्यं। यदि खलु मन्यते यदिशब्दः संभावनायां, मन्यत इति काकुः, मन्यते किमित्यर्थः।

अपरा व्याख्या—स्वामी अनर्हप्रतिक्रियम् अनर्हा प्रतिक्रिया यस्य तं, विनैव चोदनया स्वयमेव प्रतिक्रियामारब्धुमनर्हमित्यर्थः। अनिर्विष्टभर्तृपिण्डम् अभुक्तस्वाम्यन्नम्। अनुपकृतराजसत्कारम् अननुभूतस्वामिबहुमानं। मां, द्रष्टव्यं यदि खलु मन्यते दृष्ट्वा प्रतिक्रियायां प्रवर्तयितव्यं मन्यते चेदित्यर्थः। इह विशेषणपदेषु मुख्यार्थबाधोन्मीलितया विरोधिलक्षणया पर्यवसित एषोऽभिप्रायः—भुक्त-

हंसकः—(क) बाहं ।

यौगन्धरायणः—पुरुषान्तरितं मां द्रक्ष्यति स्वामी,

रिपुनृपनगरे वा बन्धने वा वने वा समुपगतविनाशः प्रेत्य वा तुल्यनिष्ठम् ।
जितमिति कृतबुद्धिं वञ्चयित्वा नृपं तं पुनरधिगतराज्यः पार्श्वतः श्लाघनीयम् ॥

(क) बाढम् ।

स्वाम्यन्नस्यानुभूतराजबहुमानस्य स्वयमेव प्रतिक्रियां कर्तुमर्हस्य सतो ममाताहश-स्येव स्वामिविपत्प्रतीकारप्रवर्तनार्थं दर्शनमेव तावत् स्वामिना नापेक्षणीयम् । अथापि यद्यपेक्ष्यत इति ॥

दर्शनापेक्षायाः सन्दिग्धत्वं यदिपदसूचितं निराकर्तुमाह—बाढमिति अङ्गीकारे । द्रष्टव्यं मन्यत इत्यत्र विषये तव सन्देहो मास्त्वित्याशयः ॥

स्वामिसम्भावनाविशेषसमुद्दीपिताद् भक्तिदुःखरिपुविषयामर्षव्यतिकरकषाया-दुत्साहादाह—पुरुषान्तरितमिति । इदं श्लोकान्वयि ॥

रिपुनृपेति । स्वामी, पुरुषान्तरितं पुरुषान्तरमिवाचरितं, परिगृहीतान्यपुरुषवेषमित्यर्थः । आचारक्विबन्तात् कर्तरि क्तः । एतेन कार्यसिद्ध्युपायानां प्रच्छन्नप्रयोगाध्यवसायमात्मनः सूचयति । मां, रिपुनृपनगरे वा स्वावरोधस्थानभूते शत्रुभूपपुरे वा । बन्धने वा बध्यतेऽत्र निगलेनेति बन्धनं कारागृहं, तस्मिन् वा । रक्षिगुप्तेऽपीत्यार्थम् । वने वा अरण्ये वा । इदं कथमपि बन्धनात् प्रच्युत्य लज्जावशाद् वननिलयनपक्षे । द्रक्ष्यति, लृटा दर्शनावश्यम्भावो बोध्यते । भवेदेवं, यदि स्वामी महत्यस्मिन् सङ्कटे प्राणान् धारयति; यदि न धारयति, तदा कुत्र दर्शनं भविष्यति ? तत्राह—समुपगतविनाशः दुःखातिभारात् प्रमीतः । स्वामी, तुल्यनिष्ठं समानावस्थं समुपगतविनाशमित्यर्थः । मां, प्रेत्य वा परलोके वा । प्रेत्यामुत्रशब्दौ पर्यायवाचकौ, 'प्रेत्यामुत्र भवान्तरे' इति यादवात् । द्रक्ष्यति । एतच्च विपरीते दैवे । अनुकूलदैववशात् स्वीयच्छन्नोपायप्रयोगसाफल्यपक्षे त्वाह—जितमिति कृतबुद्धिं, 'वत्सराजच्छलनेन मम जयः सिद्ध' इति मन्यमानम् । जितशब्दो भावक्तान्तः । तं, नृपं राजानं प्रद्योतम् । वञ्चयित्वा उपायैश्छलयित्वा । अधिगतराज्यः पुनः प्राप्तराज्यस्तु । पुनरिति तुशब्दार्थे पक्षान्तरे । "पुनरप्रथमे मतम् । अधिकारे च भेदे च तथा पक्षान्तरेऽपि च ॥" इति मेदिनी । स्वामी श्लाघनीयं शत्रुवञ्चनपूर्वकस्वामिराज्यप्राप्त्यनुकूलाचरणधन्यतया श्लाघितुं योग्यम् ।

(नेपथ्ये)

(क) हा हा भट्टा !

यौगन्धरायणः—

एष शोकप्रतीकारो यथाशक्ति निवेद्यते ।
एतत् स्त्रीभिरसामर्थ्यं मन्त्रिणामनुवर्ण्यते ॥ १५॥

(प्रविश्य)

प्रतीहारी—(ख) अय्य ! भट्टिमादा ।

(क) हा हा भर्तः !

(ख) आर्य! भर्तृमाता ।

मां, पार्श्वतः स्वपार्श्वे । द्रक्ष्यति । एतावता चैतदुक्तं भवति—अहं वेषान्तरप्रच्छन्नरूपो भूत्वा रिपुनगरादौ स्वामिना समागन्तुं, प्राणपरित्यागेनापि स्वामिनमनुवर्तितुं, कपटोपायप्रयोगेण शत्रुहस्तात् स्वामिनं मोचयितुं च बद्धपरिकरोऽस्मीति । इह 'वञ्चयित्वाधिगतराज्यः' इति क्त्वाप्रत्ययोऽधिगमक्रियापेक्षं वञ्चनाक्रियायाः पूर्वकालत्वमाश्रित्य कृतः । यद्यपि वञ्चनकर्तृत्वं यौगन्धरायणस्य, न त्वधिगमकर्तुः स्वामिनः;. तथापि यौगन्धरायणेन स्वनिष्ठमेव तत् स्वामिन्यारोपितमौद्धत्यपरिहारायेति कृत्वा क्रिययोः समानकर्तृकत्वोपपत्तिः ॥ १४ ॥

हाहेति । भर्तः ! इदं श्रुतभर्तृवृत्तान्तस्य स्त्रीजनस्य भर्तृविषयं शोकाभिसंबोधनम् ॥

एष इति । स्त्रीभिः एषः 'हा हा भर्तः' इति परिदेवितरूपः । यथाशक्ति शोकप्रतीकारः, स्वशक्तिमनतिक्रम्य शोकप्रतिक्रिया । निवेद्यते प्रकाश्यते । इयमेव हि शोकस्य प्रतिक्रिया स्त्रीभिः कर्तुं शक्या, यद् बन्धुजनं विपन्नं संस्मरन्त्य उच्चैर्विलपन्ति । सेयं स्त्रीभिः सद्य एवारब्धा, मया तु शक्या न कापि प्रतिक्रियारब्धेति तदारम्भं प्रत्यौत्सुक्यं वक्तुरिह द्योत्यते । परिदेवितमिदं स्त्रीणामात्मीयः शोकप्रतीकारो न केवलं, किन्तु मन्त्र्ययशःप्रसरहेतुरपीत्याह—एतत् हाहेति परिदेवितम् । स्त्रीभिः, मन्त्रिणाम्, असामर्थ्यम् अनुवर्ण्यते, अमात्यानाम् अनागतविधानाशक्तत्वम् अनुकीर्त्यते । स्वामिविपत्प्रकाशनद्वारेण मन्त्र्यसामर्थ्यप्रकाशके हाहेति परिदेविते स्त्रीकर्तृके मन्त्र्यसामर्थ्यानुवर्णनतादात्म्योपचारः ॥ १५ ॥

अय्येत्यादि ॥

यौगन्धरायणः— किं किम् ।

प्रतीहारी— आह ।

यौगन्धरायणः— किमिति ।

प्रतीहारी —(क) एवंविहस्स सुहिज्जणेण परिगहीदस्स वच्छराअस्स अअं वुत्तन्तो । किं सक्कं कत्तुं अन्तरेण विहाणं । ता सम्माणिअ सुहिज्जणं समत्थिअदु । जो खु दाणि सङ्कटेसु वा ण विसीददि, विसमगदो वा ण पय्यवचिट्ठदि , वञ्चिदो वा ण णिव्वेदं गच्छदि , पडिघादेसु वा पाणा ण समुज्झदि, सो खु बुद्धिमन्तो पुच्छिज्जइ पढमं एव्व मे वच्छस्स वअस्सो पच्चा अमच्चो आणेदु मे पुत्तअं पुत्तओ त्ति ।

(क) एवंविधस्य सुहृज्जनेन परिगृहीतस्य वत्सराजस्यायं वृत्तान्तः । किं शक्यं कर्तुमन्तरेण विधानम् । तत् सम्मान्य सुहृज्जनं समर्थ्यताम् । यः खल्विदानीं सङ्कटेषु वा न विषीदति, विषमगतो वा न पर्यवतिष्ठते, वञ्चितो वा न निर्वेदं गच्छति, प्रतिघातेषु वा प्राणान् न समुज्झति, स खलु बुद्धिमान् पृच्छ्यते प्रथममेव मे वत्सस्य वयस्यः पश्चादमात्य आनयतु मे पुत्रकं पुत्रक इति ।

सावशेष एव वाक्ये शङ्कोदयात् पृच्छति—**किमिति** । पुत्रविपत्तिश्रवणेन भर्तृमाता किं मूर्च्छिता मृता वान्यथाभूता वेति प्रश्नाशयः । संभ्रमेण द्विरुक्तिः ।।

आहेत्युक्त्या स्वास्थ्येऽवगते शान्तसंभ्रमः पृच्छति—**किमितीति** ।।

एवंविहस्सेत्यादि । एवंविधस्येति स्वतो वीरत्वं , सुहृज्जनेन परिगृहीतस्येति सत्सहायसम्पन्नत्वं च प्रकृतवृत्तान्तसंभवप्रतिबन्धकमुक्तम् । विधानमन्तरेण वैरकर्म विना वैरनिर्यातनं विनेत्यर्थः । ' विधानं हस्तिकबले प्रेरणेऽभ्यर्चने धने । वेदने चाप्युपाये च प्रकारे वैरकर्मणि ।।' इति यादवः । सम्मान्य पूजयित्वा । समर्थ्यतां कर्तव्यं संप्रधार्यताम । अर्थात् सुहृज्जनेन सह । सङ्कटेषु कष्टावस्थासु । विषमगतो वा न पर्यवतिष्ठते , दुःखस्थानगतो वा न स्वस्थस्तिष्ठति, किन्तु विषमोत्तरणायैव यतत इत्यर्थः । निर्वेदम् अनुत्साहम् । प्रतिघातेषु वा प्राणान् न समुज्झति 'विघातेषु वा जायमानेषु प्रयत्नशक्तीर्न त्यजति । स खलु बुद्धिमान् अर्थाद् भवान् । पृच्छ्यते ज्ञीप्स्यते ज्ञापयितुमिष्यते । अर्थाद् वक्ष्यमाणमर्थम् । 'प्रच्छ ज्ञीप्सायामि'ति धातुः । यद्यपि

यौगन्धरायणः—अहोतुखल्वत्रभवत्या राजवंशाश्रितं धीरवाक्यमभिहितम्। अत्रभवत्याः संम्भावनां पूजयामि। विजये! आपस्तावत्।

प्रतीहारी—(क) अय्य! तह। (निष्क्रम्य प्रविश्य) इमा आवो।

यौगन्धरायणः—आनय। (आचम्य) विजये! किमाह तत्रभवती।

प्रतीहारी—(ख) आणेदु मे पुत्तअं पुत्तओ त्ति।

यौगन्धरायणः—हंसक! किमाह स्वामी।

हंसकः—(ग) जोअन्धराअणं पेक्खेहि त्ति।

यौगन्धरायणः—विजये!

यदि शत्रुबलग्रस्तो राहुणा चन्द्रमा इव।
मोचयामि न राजानं नास्मि यौगन्धरायणः॥ १६॥

(क) आर्य! तथा। इमा आपः।

(ख) आनयतु मे पुत्रकं पुत्रक इति।

(ग) यौगन्धरायणं प्रेक्षस्वेति।

पृच्छयमानत्वे मत्पुत्रवयस्यत्वं मत्पुत्रामात्यत्वं च निमित्तं, तथापि मत्पुत्रवयस्यत्वदेव मया प्राधान्येन गण्यत इत्यभिप्रायेणाह—प्रथममेव मे वत्सस्य वयस्य इति। वयस्यः सखा। एतेन यौगन्धरायणे पुत्रनिर्विशेषं वात्सल्यं द्योतितम्। अत एव पुत्र इति व्यपदेशः। किमिति पृच्छ्यत इत्याकाङ्क्षायामाह—आनयत्वित्यादि॥

अहोत्वित्यादि। अत्रभवत्या, राजवंशाश्रितं राजकुलपरिशीलितं। धीरवाक्यं सत्त्वयुक्तं वचनम्। सम्भावनां मयि स्वाम्यानयनसामर्थ्याभिमानम्। पूजयामि, अर्थाद् वक्ष्यमाणप्रतिज्ञया। आपस्तावद्, आनीयन्तामिति शेषः। एतच्च प्रतिज्ञाङ्गशौचार्थम्॥

अय्येत्यादयः पञ्च संवादाः॥

यदीति। स्वामीति प्रकृतमनुवर्तते।। स्वामी, शत्रुबलग्रस्तो यदि शत्रुणा बलेन गृहीतश्चेत्। राहुणा चन्द्रमा इव राहुणा ग्रस्तश्चन्द्र इव भवति। अर्थात् सः। योग्यतया ग्रस्तपदाध्याहारः। यथा राहुग्रस्तश्चन्द्रो न चिरं ग्रासमनुभवति, किन्तु राहुसकाशान्मोचनं क्षिप्रं प्राप्नोति, तथा शत्रुगृहीतः स्वामी न चिरं निरोधदुःखमनुभविष्यति, किन्तु शत्रुसकाशान्मोचनं क्षिप्रं प्राप्स्यतीत्ययमर्थो राहुग्रस्त-

प्रतीहारी —(क) अय्य ! तह । (निष्क्रान्ता ।)

(प्रविश्य)

निर्मुण्डकः—(ख) अय्य ! अच्छरिअं णिव्वुत्तं । भट्टिणो सन्तिणिमित्तं उवट्ठिअभोअणं बह्मणजणं पेक्खिअ केण वि किळ उम्मत्तवेसधारिणा बह्मणेण उच्चं हसिअ उत्तं—सेरं सेरं अहूणन्तु भवन्तो , अब्भुदअं खु इमस्स राअउळस्स भविस्सदि त्ति । तदो वअणसमआळं एव्व अदंसणं गदो ।

(क) आर्य ! तथा ।

(ख) आर्य ! आश्चर्यं निर्वृत्तम् । भर्तुः शान्तिनिमित्तमुपस्थितभोजनं ब्राह्मणजनं प्रेक्ष्य केनापि किलोन्मत्तवेषधारिणा ब्राह्मणेनोच्चं हसित्वोक्तं—स्वैरं स्वैरमश्नन्तु भवन्तः, अभ्युदयः खल्वस्य राजकुलस्य भविष्यतीति । ततो वचनसमकालमेवादर्शनं गतः ।

चन्द्रोपमया द्योत्यते । कस्तर्हि मोचयिष्यतीत्याकाङ्क्षायामात्मन एव मोचयितृत्वं मोचनव्यतिरेके शपथकरणभङ्ग्या प्रतिजानीते—राजानं, न मोचयामि यद्यर्थकाका न मोचयामि चेदित्यर्थः । तर्हि यौगन्धरायणो नास्मि यौगन्धरायणसंज्ञो न भवामि, प्रज्ञाशौर्यधैर्यादिगुणसम्पद्भिश्रुतां यौगन्धरायणसंज्ञां त्यजामीत्यभिप्रायः । अथवा यौगन्धरायणो नास्मि यौगन्धरायणनामाहमभावं गच्छामीत्यर्थः । इह भाविनोऽपि मोचनस्य वर्तमानत्वविवक्षणमचिरभावित्वद्योतनार्थम् । 'यदि शत्रुबलग्रस्तं राहुणा चन्द्रमिव' इति क्वचिदर्धं पठ्यते । तत्र लेखकप्रमादच्युतं 'तमि'ति पदं प्रक्षिप्य 'राहुणे'ति पदं चान्तिमं कृत्वा 'तं चन्द्रमिव राहुणा' इत्येवं पाठः शुद्धः कर्तव्यः । अर्थस्तु तदा विस्पष्टतमः ॥ १६ ॥

अय्येत्यादि । तथा यथार्येणाभिहितं, तथा भर्तृजनन्यै निवेदयामीत्यर्थः ॥

प्रविश्येति । निर्मुण्डकः कामविज्ञानरहितो राजभृत्यविशेषः । 'निर्मुण्डा नामतो ज्ञेयाः कामविज्ञानवर्जिताः' इति भरतः । (नाट्यवे० अ० २४)

अय्येत्यादि । निर्वृत्तं निष्पन्नम् । णिव्वुत्तमित्यस्य स्थाने अच्छरिअमिति पुनः पठ्यते क्वचित् । शान्तिनिमित्तं शान्तिरूपं निमित्तं शान्तिनिमित्तं दुर्दैवशमनरूपाय फलायेत्यर्थः । 'निमित्तकारणहेतुषु सर्वासां प्रायदर्शनम्' इति प्रथमा

यौगन्धरायणः—अपि सत्यम् ।

(ततः प्रविशति ब्राह्मणः ।)

ब्राह्मणः—इमेऽत्रभवता परिगृहीता आत्मप्रयोजनोत्सृष्टाः परिच्छदविशेषाः । एभिः प्रच्छादितशरीरो भगवान् द्वैपायनः प्राप्तः ।

यौगन्धरायणः—एवं, द्वैपायनः प्राप्तः ।

ब्राह्मणः—बाढम् ।

यौगन्धरायणः—तेन हि पश्यामस्तावत् ।

ब्राह्मणः—पश्यतु भवान् ।

यौगन्धरायणः—कथमन्यद् रूपमिव मे संवृत्तम् । हन्त भोः ! गतोऽस्मि स्वामिसन्निकर्षमेव । इदानीं ममोपदेशार्थमिवोत्सृष्टाः ।

उपस्थितभोजनं सन्निहितभोज्यम् अमत्रपरिविष्टभोज्यम् । उन्मत्तवेषधारिणा विभ्रान्तचित्तस्य वेषं धारयितुं शीलवता । उच्चं हसित्वा ताररवनियुक्तं यथा तथा विहस्य । 'उच्चं हसिअ' इत्यस्य स्थाने 'उवहसिअ' इति पाठान्तरम् । स्वैरं यथेच्छम् । अश्नन्तु भुञ्जताम् । अस्य राजकुलस्य वत्सराजकुलस्य । अदर्शनम् अन्तर्धानम् । गत इत्येतदुपरि पाठ्यं 'तेण उम्मत्तो भअवो भविस्सदि' इत्यधिकं क्वचित् पठ्यते । 'तेनोन्मत्तो भगवान् भविष्यति' इति च तत्संस्कृतम् । तदर्थस्तु स्फुट एव ॥

अपीत्यादि । त्वया निवेदितं वृत्तं यथार्थं भवत्विति मे काम इत्यर्थः । अपीति कश्चिदर्थे कामप्रवेदने ॥

इम इत्यादि । इमे मत्करास्थिताः । अत्र भवता उन्मत्तवेषधारिणा ब्राह्मणेन । परिगृहीताः उपयुक्ताः । आत्मप्रयोजनोत्सृष्टाः आत्मप्रयोजनेन निर्वृत्तेन परित्यक्ताः । परिच्छदविशेषाः उपकरणविशेषाः । द्वैपायनः व्यासमहर्षिः ॥

एवमित्यादि ॥

बाढमिति । बाढं दृढं, द्वैपायनः प्राप्त इति सुनिश्चितमित्यर्थः ॥

तेन हीत्यादि । पश्यामस्तावत्, अर्थात् परिच्छदविशेषान् ॥

पश्यत्वित्यादि । एतदुत्तरं 'इत्यर्पयाति' इति कविवाक्यं लेख्यम् । आक्षेपलभ्यस्तदर्थ इति वा वक्तव्यम् ॥

कथमिति । इतः प्राग् 'गृहीत्वा' इति कविवाक्यम् अपेक्षितम् । गृहीत्वे-

उन्मत्तसदृशो वेषो धारितस्तेन साधुना ।
मोचयिष्यति राजानं मां च प्रच्छादयिष्यति ॥ १७ ॥

(प्रविश्य)

प्रतीहारी—(क) अय्य ! भट्टिमादा आह—इच्छामि मे पुत्तअं पेक्खिदुं त्ति ।

यौगन्धरायणः—अयमयमागच्छामि । आर्य ! शान्तिगृहे मां प्रतीक्षस्व ।

ब्राह्मणः—बाढम् । (निष्क्रान्तः ।)

यौगन्धरायणः—हंसक ! विश्रम्यतामिदानीम् ।

(क) आर्य ! भर्तृमाताह—इच्छामि मे पुत्रकं प्रेक्षितुमिति ।

त्यर्थाक्षेप्यं वा । ग्रहणकार्यं सद्योदृष्टमाह—मे रूपम् अन्यादिव पूर्वरूपाद् भिन्नमिव, कथं संवृत्तं सञ्जातम् । अहो परिच्छदविशेषस्पर्शमाहिमेत्यभिप्रायः । स्वीयपूर्वरूपावच्छादप्रत्ययादाह—स्वामिसन्निकर्षमेव स्वाम्यन्तिकमेव । गतोऽस्मि, गमनस्य भाविनो भूतत्वाख्यानं सुखसाध्यत्वद्योतनाय । द्वैपायनपरिच्छदच्छन्नरूपं मां शत्रुपुरे चरन्तं न कोऽपि ज्ञास्यतीत्यभिप्रायः । इदानीम् अस्मिन्नवसरे । मम उपदेशार्थमिव 'इमान् परिच्छदान् धारयन् रिपुनगर्यामकुतोभयं सञ्चरे'त्युपदेशायेव । उत्सृष्टाः, अर्थाद् भगवता परिच्छदाः । इह बादरायणेन वत्सराजं प्रति स्वपुत्रपाण्डुवंश्यत्वस्नेहात् तदभ्युदयादेशनं तत्कार्यप्रवृत्तयौगन्धरायणधारणयोग्यस्वीयपरिच्छदविशेषप्रसादार्पणं च कृतमिति बोद्धव्यम् ।

उन्मत्तेत्यादि । उन्मत्तसदृशः उन्मत्तानुरूपः । तेन साधुना तापसेन । राजानं, मोचयिष्यति बन्धमुक्तं करिष्यति । कुत इति चेदाह—मां च प्रच्छादयिष्यति । चशब्दो हेतौ, यस्मान्मां छन्नस्वरूपं करिष्यति तस्मादित्यर्थः । मोचनसाधकोपायप्रयोगानुकूलात्मप्रच्छादनकर्तरि वेषे मोचनकर्तृत्वमिहोपचरितं द्रष्टव्यम् ॥ १७ ॥

अय्येत्यादि । पुत्रकम् अर्थाद् यौगन्धरायणम् ॥

अयमित्यादि । शान्तिगृहे मां, प्रतीक्षस्व प्रतिपालय । स्वामिमातृदर्शनानन्तरं तत्र सन्निधाय त्वां संवादशेषेण सम्भावयितुमिच्छामीत्यभिप्रायः ॥

बाढमिति । तथास्त्विति क्वचित् पाठः ॥

हंसकेत्यादयश्चत्वारः संवादाः ॥

हंसकः—(क) अय्य ! तह । (निष्क्रान्तः ।)

यौगन्धरायणः— विजये ! गच्छाग्रतः ।

प्रतीहारी—(ख) अय्य ! तह ।

यौगन्धरायणः—भोः !

काष्ठादग्निर्जायते मथ्यमानाद् भूमिस्तोयं खन्यमाना ददाति ।
सोत्साहानां नास्त्यसाध्यं नराणां मार्गारब्धाः सर्वयत्नाः फलन्ति ॥ १८ ॥

(निष्क्रान्ताः ।)

प्रथमोऽङ्कः ।

(क) आर्य ! तथा ।

(ख) आर्य ! तथा ।

भो इति चिन्तायाम् ।

प्रतिज्ञातार्थसाधकस्वोपादेययत्नचिन्तायाः प्राप्तावसरत्वाद् यत्नसामान्यं फलाव्यतिरेकदृष्टान्तोपन्यासपूर्वं प्रशंसति—**काष्ठादिति** । **मथ्यमानाद्** विलोड्यमानात् । **काष्ठाद्** अरणेः । **अग्निः**, **जायते** । **खन्यमाना** अवदार्यमाणा । **भूमिः**, **तोयं** जलं **ददाति** । काष्ठमथनरूपस्य यत्नस्याग्निलाभेन फलवत्ता दृष्टा, भूमिखननरूपस्य च कूपजललाभेनेत्यभिप्रायः । तावता सिद्धमर्थमाह—**सोत्साहानां नराणाम् असाध्यं नास्ति** ; सयत्नानां जनानां साधयितुमशक्यं न किञ्चिदस्ति । यत्नाः साध्यं नियमेन साधयन्तीत्यभिप्रायः । अथ कश्चिद् यत्नो विफलन् लोके दृश्यते, तत् कथं यत्नसामान्यस्य साध्यसाधकत्वप्रतिनियम इति चेत्, तत्राह—**मार्गारब्धाः** समुचितेन पथा कृताः, सुप्रणीता इत्यर्थः । **सर्वयत्नाः** समस्ताः यत्नाः । **फलन्ति** साध्यं साधयन्ति । अर्थाद् दुष्प्रणीताः विफलन्ति । एवञ्च दुष्प्रणीतः कश्चिद् यत्नो विफलतीत्येतावता सुप्रणीतयत्नसामान्यविषयस्य फलाव्यतिरेकानियमस्य न भङ्ग इति भावः ॥ १८ ॥

निष्क्रान्ता इति । निर्मुण्डकेन सह त्रयो निष्क्रमणकर्तारः ॥

इति प्रथमोऽङ्कः ।

अथ द्वितीयोऽङ्कः

(ततः प्रविशति काञ्चुकीयः।)

काञ्चुकीयः—आभीरक! आभीरक! गच्छ महासेनवचनात् प्रतीहाररक्षकं ब्रूहि—एष काशिराजोपाध्याय आर्यजैबन्तिरद्य दौत्येन प्राप्तः। अस्य सामान्यदूतसत्कारं पृष्ठतः कृत्वा सुखमिव निवेश्यताम्। यथा चातिथिसत्कारं जानीयात् तथा प्रयतितव्यम् इति। भोः! एवं नामाहन्यहनि गोत्रानुकूलेभ्यो राजकुलेभ्यः कन्याप्रदानं प्रति दूतसम्प्रेषणा वर्तते। न खलु महासेनः कञ्चिदपि प्रत्याचष्टे, न चाप्यनुगृह्णीते। किन्नुखल्विदम्। अथवा दैवमत्र कन्याप्रदानेऽधिकृतम्। कुतः,

---

अथ द्वितीयोऽङ्कः।

अथ द्वितीयोऽङ्के प्रद्योतस्य स्वदुहितृवासवदत्ताप्रदानं प्रति पत्न्या सह चिन्तनं, वनगृहीतानीतवत्सराजविजयाभ्युदयलाभानन्दः, वत्सराजजामातृभावकामनया कन्याप्रदानकालव्याक्षेपकल्पनं, सत्कारयुक्तमन्तःपुरे वत्सराजावरोधनमिति प्रतिपाद्यं वस्तु। तत्रादौ प्रद्योतप्रवेशसूचनार्थं विष्कम्भकं रचयितुं तदनुरूपस्य मध्यमपात्रस्य कञ्चुकिनः प्रवेशमाह—ततः प्रविशतीत्यादि।

अप्रविष्टमेव कमपि भृत्यं राजाज्ञया कार्यविशेषे नियुङ्क्ते—आभीरकेत्यादिना। विप्रादम्बष्ठयां जात आभीरकः। तज्जातिभवः कश्चिद्। भृत्यकर्मण्यधिकृत इह संबोध्यते, आभीरकसंज्ञ एव वा कश्चित्। महासेनवचनात् महासेनस्य प्रद्योतस्य शासनात्। दौत्येन दूतभावेन, ब्राह्मणादित्वात् ष्यञ्। सामान्यदूतसत्कारं, पृष्ठतः कृत्वा, अनादृत्य अपहाय, अर्थाद् विशिष्टदूतसत्कारं कृत्वा। अथवा दूतस्य पश्चाद्भागे साधारणदूतबहुमानम् अनुचरपुरुषप्रेषणादिरूपं कृत्वा। जानीयात् अर्थादतिथिः, महासेनो वा। भो इत्यतः प्राक् 'किं ब्रवीषि तथेति' इत्याकाशभाषितं मातृकासु नोपलभ्यते। नूनमनतिप्रयोजनत्वाद् ग्रन्थे तन्न निबद्धमिति बोद्धव्यम्। अहन्यहनि प्रतिदिनम्। 'नित्यवीप्सयोरि'ति द्वित्वम्। गोत्रानुकूलेभ्यः गोत्रेण अनुकूलेभ्यः भिन्नगोत्रेभ्य इत्यर्थः, स्वकुलसंबन्धानुगुणेभ्यो वा। 'कञ्चिदपि दूतमुखेन कन्यायाचितारम्। न खलु प्रत्याचष्टे न निराकरोति—'कन्यां न दास्ये' इति। न चापि अनुगृह्णीते न च संभावयति—'कन्यां ते दास्ये' इति। इदं किन्नुखलु, अनिश्चयावस्थानमयुक्तमित्यर्थः। अथवेत्ययुक्त—

व्यक्तं न तावत् समुपैति तस्य दूतो वधूत्वे विहिता हि यस्य ।
ततो नरेन्द्रेषु गुणान् नरेन्द्रो न वेत्ति जानन्नपि तत्प्रतीक्षः ॥ १ ॥

अये संलीयमानान्तःपुरचरः सनाथीभवत्ययं देशः । अये अयं महासेनः । य एषः,

दूर्वाङ्कुरस्तिमितनीलमणिप्ररोहैः पीताङ्गदैः परिगतैः परिणीवितांसः ।
अस्माद् घनात् कनकतालवनैकदेशान्निर्धावितः शरवणादिव कार्त्तिकेयः॥

(निष्क्रान्तः ।)

विष्कम्भकः ।

त्वनिरासे । अत्र कन्याप्रदाने विषये, दैवम्, अधिकृतं प्रभविष्णु, तदनुसारेण तु कन्यापितुर्बुद्धिः प्रवर्तत इत्यभिप्रायः ।

व्यक्तमिति । यस्य हि वधूत्वे विहिता, यस्यैव वरस्य वधूभावे दैवेनं सङ्कल्पिता । अर्थात् कन्या । तस्य, दूतः, न तावत् समुपैति नैवायाति । समुपेतदूतमध्ये स नास्तीत्यर्थः । व्यक्तं नूनम्, अयमर्थोऽनुमीयते । तत्र लिङ्गमाह—ततः तथाविधवरदूतानागमनात् । नरेन्द्रः प्रद्योतः । तत्प्रतीक्षः तथाविधवरदूतं प्रतीक्षमाणः सन् । नरेन्द्रेषु सम्प्रेषितदूतेषु राजसु । गुणान् वरसम्पत्तीः । जानन्नपि न वेत्ति, गृह्णन्नपि पर्याप्तत्वेन न मन्यते । तस्य दूतश्चेत् समुपैति, तद्गतान् गुणान् पर्याप्तान् मन्यमानो वरनिश्चयमधिगच्छेदिति भावः ॥ १ ॥

अये इत्यादि । अये इति संभ्रमे । सनाथीभवति नाथवान् भवतीत्यर्थः । अन्तःपुरचराणां स्वच्छन्दचारपरिहारेण क्वचित् संलीयावस्थानान्नाथसान्निध्यमस्मिन् देशेऽनुमीयत इति वाक्याभिप्रायः । य एष इति श्लोकान्वयि ।

दूर्वेति । दूर्वाङ्कुरस्तिमितनीलमणिप्ररोहैः दूर्वाङ्कुरा इव स्तिमिताः स्निग्धाः नीलमणिप्ररोहाः नीलरत्नाङ्कुराः येषु तैः । मणिप्रदीप्तैरिति पाठे नीलमणिना प्रकर्षेण दीप्तिमद्भिरित्यर्थः । परिगतैः परितो निविष्टैः । पीताङ्गदैः पीतवर्णैः केयूरैः, अर्थात् स्वर्णाङ्गदैः । परिणीवितांसः परिणीवितौ स्थूलितौ परिबृंहणं प्राप्तावित्यर्थः, अंसौ स्कन्धौ यस्य सः । य एषः, घनात् सान्द्रात् । अस्मात्, कनकतालवनैकदेशात कनकश्चम्पकः तालः तृणराजः तदुभयबहुलस्य वनस्य एकदेशाद् भागात् । शरवणात् कार्त्तिकेय इव, गुन्द्रसंज्ञतृणस्तम्बवनात् शरजन्मा देव इव । निर्धावितः

(ततः प्रविशति राजा सपरिवारः ।)

राजा—

मम हयखुरभिन्नं मार्गरेणुं नरेन्द्रा मकुटतटविलग्नं भृत्यभूता वहन्ति ।
न च मम परितोषो यन्न मां वत्सराजः प्रणमति गुणशाली कुञ्जरज्ञानदृप्तः ॥
बादरायण !

(प्रविश्य)

काञ्चुकीयः—जयतु महासेनः ।

राजा—निवेशितो जैवन्तिः ।

निष्क्रम्य धावितः । स इति पूर्वेण संबन्धः । परिणीइितांश इत्यपपाठः । स वि-लिपौ हलिपिभ्रमादापतितो द्रष्टव्यः । 'पीव मीव तीव णीव स्थौल्ये' इति णीव-धातुर्भौवादिकः ॥ २ ॥

विष्कम्भक इति । शुद्धविष्कम्भः । 'वृत्तवर्तिष्यमाणानां कथांशानां नि-दर्शकः । संक्षेपार्थस्तु विष्कम्भो मध्यपात्रप्रयोजितः ॥ एकानेककृतः शुद्धः स-ङ्कीर्णो नीचमध्ययोः ।' इति दशरूपके तल्लक्षणम् ॥

तत इत्यादि ॥

ममेति । नरेन्द्राः , भृत्यभूताः सन्तः भृत्यतुल्याः सन्तः । भूतशब्दः सदृ-शवाची । अथवा भूतशब्दः प्राप्तार्थः, भृत्यशब्दश्च वृत्तौ भावपरः, एवञ्च भृ-त्यत्वं प्राप्ताः सन्त इत्यर्थः । मम, अर्थादश्वमारुह्य चरतः । हयखुरभिन्नम् अश्व-खुरोत्थापितं । मार्गरेणुं मार्गधूलिम् । मकुटतटाविलग्नं वहन्ति , पादचारेण मदनुग-मनवशात् पथि प्रणामवशाद्वा किरीटतटसंसक्तं धारयन्ति । मम परितोषो न च, तथापि मम सन्तोषो न भवति । चशब्दस्तुशब्दार्थे । कुतो न परितोषस्तत्राह—यद् यस्मात् कारणात् । गुणशाली गुणैः शलितुं वलितुं शोभितुं वा शीलमस्येति तथा । शलधातुर्गतौ पठितोऽपि धातूनामनेकार्थत्वाद् शोभायामपि वर्तते । कुञ्जर-ज्ञानदृप्तः गजवशीकरणविद्यागर्वितः । वत्सराज उदयनः । मां, न प्रणमति । अन्येषु राजसु नमितेषु वत्सराज एको मयाद्यापि न नमित इति महान् मे विषाद इति भावः । एतेन वत्सराजविजयोद्यमः सूचितः ॥ ३ ॥

जयत्वित्यादि ॥

निवेशित इत्यादि । निवेशितः निवेशवान् कृतः किम् । इह काकुः ॥

काञ्चुकीयः—निवेशितोऽनुरूपतश्च सत्कृतः।

राजा—न्याय्यं कृतं राजवंशगुणाभिलाषिणा। समागतानां युक्तः पूजया प्रतिग्रहः। अथ सर्वोऽपि कन्याप्रदानं प्रति पृष्टश्चेत् परच्छन्देन तिष्ठति। (काञ्चुकीयमवलोक्य) बादरायण! वक्तुकाममिव त्वां लक्षये।

काञ्चुकीयः—न खलु किञ्चित्। कन्याप्रदानं प्रति समुत्पन्नोऽभिमर्शः।

राजा—अलमलं परिहृत्य। सर्वसाधारणो ह्येष विधिः। अभिधीयताम्।

काञ्चुकीयः—महासेन! एषा मे विवक्षा — एवं नाभाहन्यहनि

निवेशित इत्यादि। अनुरूपतः आनुरूप्येणेत्यर्थः॥

न्याय्यमित्यादि। न्याय्यं न्यायादनपेतम्। राजवंश्यगुणाभिलाषिणा राजवंश्यस्य राजवंशभवस्य जैवन्तिप्रेषयितुः काशिराजस्य गुणाभिलाषिणा गुणपक्षपातिना। अर्थाद् भवता। समागतानामित्यस्य स्थाने 'समासन्नप्रीतिकारणागतानामि'ति क्वचित् पठ्यते। समासन्ना अचिरभाविनी या प्रीतिः वासवदत्तोद्वाहामोदः, तेन कारणेन आगतानामिति तदर्थः। पूजया प्रतिग्रहः बहुमानेन प्रत्येषणम्। पूजापरिग्रह इति पाठेऽप्ययमेवार्थः। पृष्टश्चेत् 'प्रेषितदूतेषु राजसु कतमस्मै कन्या देये'ति मयानुयुक्तश्चेत्। सर्वोऽपि अमात्यादिः। परच्छन्देन तिष्ठति, अन्याभिप्रायप्रतीक्षया अर्थाद् मदभिप्रायप्रतीक्षया तिष्ठति, न तु स्वाभिप्रायं कश्चिद् वक्तीत्यभिप्रायः। वक्तुकाममिव विवक्षुमिव। लक्षये आकारेणानुमिनोमि। 'वक्तुकाम इवे'त्येवादर्शेषु पठ्यते। तत् तु लेखकप्रमादायातम्॥

न खल्वित्यादि। न खलु किञ्चित्, वक्ष्यमाणादन्यत् किमपि न। अभिमर्शः समुत्पन्नः विचारः समुत्पन्नः। तेन मे काचिद् विवक्षेत्याशयः। विमर्श इति क्वचित् पाठः॥

अलमित्यादि। अलमलं परिहृत्य विवक्षितं मा परिहर। 'अलंखल्वोरि'ति क्त्वाप्रत्ययः। एष विधिः कन्याप्रदानविधिः। सर्वसाधारणो हि सर्वेषां समान एव। अतस्त्वमपि यथानुभवमत्राभिप्रायमाविष्कर्तुं प्रभुरेवेत्यभिप्रायः॥

महासेनेत्यादि। एषा विवक्षा वक्तुमिच्छा। एष विवक्षाविषय इत्यर्थः॥

गोत्रानुकूलेभ्यो राजकुलेभ्यः कन्याप्रदानं प्रति दूतसम्प्रेषणा वर्तते । न च महासेनः कञ्चिदपि प्रत्याचष्टे, न चाप्यनुगृह्णीते । किन्नु खल्विदमिति ।

राजा—बादरायण ! एवमेतत् । अतिलोभाद् वरगुणानामतिस्नेहाच्च वासवदत्तायां न शक्नोमि निश्चयं गन्तुम् ।

कुलं तावच्छ्लाघ्यं प्रथममभिकाङ्क्षे हि मनसा
ततः सानुक्रोशं मृदुरपि गुणो ह्येष बलवान् ।
ततो रूपे कान्तिं न खलु गुणतः स्त्रीजनभयात्
ततो वीर्योदग्रं न हि न परिपाल्या युवतयः ॥ ४ ॥

काञ्चुकीयः—महासेनं वर्जयित्वा न हीदानीमेते गुणाः क्वचिदेकस्था दृश्यन्ते ।

बादरायणेत्यादि । एतद् एवं, त्वदुक्तं तथ्यम् । निश्चयं गन्तुं वरनिर्णयं प्राप्तुम् ।

वासवदत्तातिस्नेहमूलकं वरगुणातिलोभं विवृणोति—कुलमिति । हि तथाहि । प्रथमम् आदौ । श्लाघ्यं श्लाघार्हम् । कुलं तावत्, मनसा अभिनिविष्टेन चेतसा । अभिकाङ्क्षे वाञ्छामि । अर्थाद् वरस्य । ततः अनन्तरम् । सानुक्रोशम् अनुक्रोशः कृपा तद्युक्तम् । अभिकाङ्क्षे, अर्थाद् वरम् । अनुक्रोशं स्तौति—एष गुणः अनुक्रोशाख्यः । मृदुरपि सुकुमारोऽपि । बलवान् हि सारवान् हि । ततः, रूपे आकृतौ । अर्थाद् वरस्य । कान्ति कामनीयकम् । न खलु गुणतः अभिकाङ्क्षे, न केवलं गुणत्वाद् वाञ्छामि, किन्तु स्त्रीजनभयाद् अभिकाङ्क्षे, स्त्रीजनः कान्तिहीनात् कदाचिद् विरज्येदिति शङ्कावशादपि वाञ्छमीत्यर्थः । ततः, वीर्योदग्रं वीर्योन्नतम् । अभिकाङ्क्षे, अर्थाद् वरमेव । तत्र कारणमाह—हि यतः, युवतयः तरुण्यः । न न परिपाल्याः रक्षणीया एव । रक्षणं च वीर्येणैव निर्वाह्यमित्यभिप्रायः । इह प्रथमतृतीययोः पादयोर्वरगतधर्मविशेषस्याभिकाङ्क्षणक्रियां प्रति कर्मत्वं द्वितीयचतुर्थयोस्तु धर्मविशेषवतो वरस्य कर्मत्वमिति वैलक्षण्यमस्ति । यदि पुनर्निर्देशे भावप्राधान्यात् सानुक्रोशवीर्योदग्रपदयोः सानुक्रोशत्ववीर्योदग्रत्वार्थताश्रीयते, तर्हि वरधर्मस्यैव सर्वत्र कर्मत्वमैकरूप्येणेति बोद्धव्यम् । इह परस्मैपदिनः काङ्क्षतेरात्मनेपदकरणमार्षम् ॥ ४ ॥

महासेनमित्यादि । क्वचिद् एकस्मिन् पुरुषे । एकस्थाः एकव्यक्तिस्थाः ॥

राजा—अतः खलु चिन्त्यते ।

कन्याया वरसम्पत्तिः पितुः (प्रायः) प्रयत्नतः ।
भाग्येषु शेषमायत्तं दृष्टपूर्वं न चान्यथा ॥ ५ ॥

दुहितुः प्रदानकाले दुःखशीला हि मातरः । तस्माद् देवी तावदाहूयताम् ।

काञ्चुकीयः—यदाज्ञापयति महासेनः । (निष्क्रान्तः ।)

राजा—भोः ! काशिराजदूतसम्प्रेषणेन वत्सराजग्रहणार्थं गतं शालङ्कायनं प्रति गता मे बुद्धिः । किन्नुखल्वद्यापि वृत्तान्तं न प्रेषयति स ब्राह्मणः ।

कामं या तस्य सा लीला तत्रैवानुगतं मनः ।
ये त्वस्य सचिवाः सर्वे यत्नमास्थाय ते स्थिताः ॥ ६ ॥

अत इत्यादि । चिन्त्यते विमृश्यते, न तु वरो निश्चीयते ।

कन्याया इति । प्रायः बाहुल्येन । कन्यायाः, वरसम्पत्तिः गुणवद्वरसिद्धिः । पितुः प्रयत्नतः, भवतीति शेषः । प्रयत्नेनेति क्वापि पाठः । शेषं वरसम्पत्त्यतिरिक्तम् ऐहिकभोग्यभोगादिकम् । भाग्येषु आयत्तं भाग्याधीनम् । दृष्टपूर्वं लोके दृष्टचरम् । अन्यथा न च, प्रकारान्तरेण पितृप्रयत्नसाध्यत्वादिना नैव दृष्टचरमित्यर्थः । अथवा दृष्टपूर्वं न चान्यथेत्यस्यायमर्थः —इदमीदृशमिति पूर्वं विमृश्य कृतं कार्यं न विपर्यस्यतीति । इह द्वितीयः पादो मातृकासु विलुप्तमध्यमपदः पठ्यते । अतस्तत् प्रक्षिप्तम् ॥ ५ ॥

दुहितुरित्यादि । दुःखशीलाः कृच्छ्रानुवर्त्यस्वभावाः । आहूयताम्, अर्थात् प्रदानसंबद्धकार्यसम्मन्त्रणार्थम् ॥

यदित्यादि ॥

भो इत्यादि । काशिराजदूतसंप्रेषणस्य वत्सराजग्रहणव्यापृतशालङ्कायनस्मरणं प्रति कारणत्वं वदन् दूतोद्दिष्टे कार्ये वासवदत्ताप्रदानरूपे वत्सराजविषयां वरत्वेनाशंसां स्वहृदये निलीय स्थितां सूचयति । वृत्तान्तं वत्सराजो गृहीत उत न गृहीत इति वार्ताम् ।

काममिति । या, सा प्रसिद्धा । तस्य वत्सराजस्य । लीला गजमृगयारूपा क्रीडा । तत्रैव तस्यामेव । मनः वत्सराजहृदयम् । कामम् अनुगतं यद्यप्यासक्तम् । अतस्तस्य गजमृगयालीलाप्रसक्त्यास्मदीयगजच्छद्मवागुरापतनं सम्भावितमेवेत्या-

(ततः प्रविशति देवी सपरिवारा ।)

देवी—(क) जेदु महासेणो ।

राजा—आस्यताम् ।

देवी—(ख) जं महासेणो आणवेदि । (उपविशति ।)

राजा—वासवदत्ता क ।

देवी—(ग) उत्तराए वेदालिआए सआसे वीणं सिक्खिदुं णारदीअं गआ आसि ।

राजा—कथमुत्पन्नोऽस्या गान्धर्वेऽभिलाषः ।

देवी—(घ) केण वि किळ उग्घादेण कञ्चणमाळं वीणाजोग्गं करअन्ति पेक्खिअ सिक्खिदुकामा आसी ।

राजा—सदृशं बाल्यस्य ।

(क) जयतु महासेनः ।

(ख) यन्महासेन आज्ञापयति ।

(ग) उत्तराया वैतालिक्याः सकाशे वीणां शिक्षितुं नारदीयां गतासीत् ।

(घ) केनापि किलोद्धातेन काञ्चनमालां वीणायोग्यां कुर्वतीं प्रेक्ष्य शिक्षितुकामासीत् ।

शयः । तु तथापि । अस्य ये सचिवाः यौगन्धरायणादयः । सर्वे ते, यत्नमास्थाय स्थिताः, उक्तलीलाप्रसक्तिपरिहारार्थम् उद्यममाश्रित्य स्थिताः । अतः कथमस्मदीयच्छद्मप्रयोगः फलिष्यतीति सन्देहोऽप्यस्तीत्यभिप्रायः॥ ६ ॥

जेदु इत्यादयश्चत्वारः संवादाः ॥

उत्तराए इत्यादि । उत्तरायाः तदाख्यायाः । वैतालिक्याः वेणुवीणादिवादनवृत्तेः स्त्रियाः । 'आख्यातोपयोगे' इत्यपादानत्वात् पञ्चमी । नारदीयां वीणां शिक्षितुं, महतीनामानं वीणाविशेषम् अभ्यसितुम् ॥

कथमित्यादि । गान्धर्वे गीतकलायाम् ॥

केणवीत्यादि । उद्धातेन कार्यस्योपक्रमेण । काञ्चनमालां तदाख्यां सखीम् । वीणायोग्यां कुर्वतीं वीणाभ्यासं कुर्वतीम् । 'योग्याभ्यासः परिचयः' इति यादवः ॥

सदृशमिति । सदृशम् अनुरूपम् । अर्थाद् वीणाशिक्षणम् ॥

देवी—(क) महासेणं वि किं वि विण्णविदुकामा ह्मि ।

राजा—किमिति ।

देवी—(ख) आअय्यं इच्छामि त्ति ।

राजा—उपस्थितविवाहकालायाः किमिदानीमाचार्येण । पतिरेवैनां शिक्षयिष्यति ।

देवी—(ग) हं एसो दाणि मे दारिआए कालो ।

राजा—भोः ! नित्यं प्रदीयतामित्यस्मानुपरुध्य किमिदानीं सन्तप्यसे ।

देवी—(घ) अभिप्पेदं मे पदाणं । विओओ मं सन्तावेदि । अह कस्स उण दिण्णा ।

राजा—न तावन्निश्चयो गम्यते ।

(क) महासेनमपि किमपि विज्ञापयितुकामास्मि ।

(ख) आचार्यमिच्छामीति ।

(ग) हम् एष इदानीं मे दारिकायाः कालः ।

(घ) अभिप्रेतं मे प्रदानम् । वियोगो मां सन्तापयति । अथ कस्मै पुनर्देत्ता ।

महासेणं वीत्यादि ॥

किमितीति ॥

आअय्यमित्यादि । आचार्यं वीणोपदेशदेशिकम् ॥

उपस्थितेत्यादि । उपस्थितविवाहकालायाः सन्निहितपरिणयावसरायाः ॥

हमित्यादि । हमित्यसम्मतौ । सा च विवाहकालासन्नत्वविषया । दारिकायाः वत्सायाः । एष काल इति नञर्थे काकुः । नैष काल इत्यर्थः ॥

भो इत्यादि ! नित्यम्, उपरुध्य निर्बध्य । इदानीं किं सन्तप्यसे दानावसरे किं दूयसे ॥

अभीत्यादि । अभिप्रेतम् इष्टम् । वियोगः प्रदानानन्तरभावी दुहितृविरहः । पृच्छति—अथेत्यादि ॥

न तावदित्यादि । निश्चयः वरनिर्णयः ॥

देवी—(क) इदाणिं पि ण दाव ।

राजा—

अदत्तेत्यागता लज्जा दत्तेति व्यथितं मनः ।
धर्मस्नेहान्तरे न्यस्ता दुःखिताः खलु मातरः ॥ ७ ॥

सर्वथा श्वशुरपरिचरणसमर्थे वयसि वर्तते वासवदत्ता । एष चापरः काशिराजोपाध्याय आर्यजैवन्तिरद्य दौत्येन प्राप्तो विलोभयति मां चारित्रेण । (आत्मगतम्) न किञ्चिदाह। अश्रुपूर्वा व्याकुला कथं निश्चयं गमिष्यति । भवतु, निवेदयाम्यस्यै। (प्रकाशम्) श्रूयन्तेऽस्मत्सम्बन्धप्रयोजनायागता राजानः ।

(क) इदानीमपि न तावत् ।

इदाणिमिति । इदानीमपि विवाहार्हेऽस्मिन् कालेऽपि । न तावत्, निश्चयो गम्यत इत्यनुवर्तते । इह काका अनिश्चयस्यानिष्टता प्रकाश्यते ॥

अदत्तेति । अदत्तेति वराय न प्रतिपादितेति हेतोः । लज्जा, काले कन्यादानं हि धर्मः, स नानुष्ठित इति तव व्रीडा भवतीत्यर्थः । अत एवानिश्चयं प्रति तव प्रद्वेष इत्यभिप्रायः । दत्तेति दानपक्षे इत्यर्थः । मनः तव हृदयम् । व्यथितं दुहितृविरहचिन्तया सञ्जातव्यथं भवति । अत एव नैष दारिकाया विवाहकाल इति त्वयोक्तमित्यभिप्रायः । सेयं तव हृदयस्य दोलायमानता युक्तेति समर्थयितुं सामान्यन्यायमाह—मातरः कन्याजनन्यः । धर्मस्नेहान्तरे धर्मस्नेहयोरन्तराले । न्यस्ताः निवेशिताः सत्यः । दुःखिताः खलु सञ्जातदुःखा हि भवन्ति, धर्मस्नेहान्तरानुरोधं प्रति क्लिश्यन्त इत्यर्थः ॥ ७ ॥

सर्वथेत्यादि । अपरः पूर्वागतेभ्यस्तत्तद्राजदूतेभ्योऽन्यः । चारित्रेण मां विलोभयति, काशिराजसद्वृत्तेन श्रावितेन माम् आवर्जयति । एतेन काशिराजस्य कन्यायाः प्रदानं मे रोचते, तवात्राभिप्रायं ज्ञातुमिच्छामीति सूचितम् । अत्रोत्तरमलभमान आत्मनि चिन्तयति—नेत्यादि । अश्रुपूर्वा दुहितृप्रदानप्रस्तावे पूर्वं बाष्पं मुञ्चन्तीत्यर्थः । भवतु यथा तथा वास्तु । निवेदयामि विज्ञाप्य विज्ञापयामि । श्रूयन्त इत्यादि । श्रूयन्ते, दूतमुखात् । आगताः दूतद्वारेण प्रार्थितुमुपस्थिताः । यद्यपि दूतानामेवागमनं जातं, तथापि राजार्थमेव तदिति राजसु आगतत्वोपचारः ॥

देवी—(क) किंदाणि वित्थरेण । जहिं दइअ ण सन्तप्पामो, तहिं दीअदु ।

राजा—अहो महान् खलु लीलाभिहितो दुःखविस्तर इदानीं पश्चादुपालम्भनं श्रोतुम् । तस्माद् देवी तावन्निश्चयं गच्छतु । श्रूयताम्,

अस्मत्सम्बद्धो मागधः काशिराजो वाङ्गः सौराष्ट्रो मैथिलः शूरसेनः ।
एते नानार्थैर्लोभयन्ते गुणैर्मां कस्ते वैतेषां पात्रतां याति राजा ॥ ८ ॥

(प्रविश्य)

काञ्चुकीयः—वत्सराजः ।

(क) किमिदानीं विस्तरेण । यत्र दत्त्वा न सन्तप्यामहे, तत्र दीयताम् ।

वरनिश्चयभारं भर्त्रार्प्यमाणं स्वीकर्तुमनिच्छन्ती तस्मिन्नेवातिसृजति—किमित्यादि । दीयताम् अर्थाद् भवता । दानीयपात्रानिर्धारणभारस्त्वय्येवार्पित इति भावः ॥

अहो इति । अहोशब्दः श्लाघायाम् । सा च संक्षिप्ताख्यानकौशलविषया । महान् खलु गुरुः खलु । दुःखविस्तरः वरनिर्धारणविषयः श्रमभारः । इदानीं, लीलाभिहितः मदेकवहनीयतया सुखेनोक्तः । अर्थाद् भवत्या । अस्येदृशे वचने सुखं, वहने तु श्रम इति भावः । ईदृशेन वचनेनात्मनः कालान्तरे संभाव्यमनिष्टं फलमाह—पश्चाद् उपालम्भनं श्रोतुं, सम्प्रति मन्निर्धारितो जामातास्मद्दुहितरि दैवाद् यदि जातु वामवृत्तिर्भवेत्, तथाविधे भाविनि कस्मिंश्चित् काले त्वत्प्रयुक्तं मन्निन्दावचनं मयाकर्णयितुम् । लीलाभिहित इत्यनेन सम्बन्धः । तस्मात् उक्तदुःखविस्तराङ्गीकारस्य मदनिष्टहेतुत्वात् । देवी तावत् देव्येव, न त्वहम् । निश्चयं गच्छतु ।

कन्यार्थिनां राज्ञां जनपदसंबन्धघटितानि नामानि निर्दिशन् पृच्छति—अस्मादित्यादि । मगधकाशिवङ्गसौराष्ट्रमिथिलाशूरसेनशब्दा जनपदविशेषवचनाः । मिथिलेति विदेहोपलक्षणम् । नानार्थैः बहुविधप्रयोजनैः । गुणैः कुलशीलवयोरूपविद्यादिभिः । एतेषां मागधादीनां राज्ञां मध्ये । ते त्वत्पक्षे । पात्रतां कन्यादानपात्रत्वम् ॥ ८ ॥

वत्सराज इति । वत्सराजग्रहणलक्षणं प्रियवृत्तान्तं निवेदयितुं प्रविष्टस्य काञ्चुकीयस्य निवेदनसंभ्रमवशात् झटिति मुखनिर्गतमिदं पदम् । तच्च 'को वा

राजा—किं वत्सराजः ।

काञ्चुकीयः—प्रसीदतु प्रसीदतु महासेनः । प्रियवचनानिवेदनत्वरया क्रमविशेषो नावेक्षितः ।

राजा—प्रियवचनमिति ।

देवी—(उत्थाय) (क) जेदु महासेणो ।

राजा—(सहर्षम्) प्रियवचनपरिहार्या हि देवी । आस्यताम् ।

देवी—(ख) जं महासेणो आणवेदि । (उपविशति ।)

राजा—उत्तिष्ठोत्तिष्ठ, स्वैरमभिधीयताम् ।

काञ्चुकीयः—(उत्थाय) तत्रभवतामात्येन शालङ्कायनेन गृहीतो वत्सराजः ।

(क) जयतु महासेनः ।

(ख) यद् महासेन आज्ञापयति ।

पात्रतां याती,ति प्रश्नेन सह दैवादव्यवधानसंघटितं 'वत्सराजः पात्रतां याति' इत्यर्थबोधनेन तस्यैव प्रश्नस्य सदृशमुत्तरमिव भूत्वा वासवदत्तावत्सराजयोर्विवाहावश्यम्भावित्वसूचकं किमपि शुभनिमित्तं सम्पन्नमिति बोद्धव्यम् ॥

किमित्यादि ॥

निसर्गशत्रोर्वत्सराजस्य केवलनामग्रहणेन कुपितमिव राजानं मत्वा प्रसादयन्नाह—प्रसीदत्वित्यादि । क्रमविशेषः वत्सराजपदोच्चारणसंबद्धो विशिष्टः क्रमः । स च 'गृहीतो वत्सराजः, इत्येवंरूपो वक्ष्यमाणः । एतदनन्तरं 'भूमौ पतति' इत्यपेक्षितम् , अग्रे काञ्चुकीयस्योत्थानवचनात् ॥

प्रियवचनमितीति । किं ब्रवीषीत्यर्थगम्यम् ॥

प्रियवचनस्य राजैकश्राव्यत्वबुद्धया ततो निर्गमनार्थमुत्थायामन्त्रणाङ्गं समुदाचारमाचरति—जेदु इत्यादि ॥

प्रियेत्यादि । इह नञर्थकाका देवी प्रियवचनपरिहार्या न भवतीत्यर्थः । आस्यताम् , अर्थात् प्रियवचनं श्रोतुम् ॥

जमित्यादि ॥

उत्तिष्ठेत्यादि । स्वैरं निश्शङ्कम् ॥

तत्रभवतेत्यादि ॥

राजा (सहर्षम्)—किमाह भवान् ।

काञ्चुकीयः—तत्रभवतामात्येन शालङ्कायनेन गृहीतो वत्सराजः ।

राजा—उदयनः ।

काञ्चुकीयः—अथकिम् ।

राजा—शतानीकस्य पुत्रः ।

काञ्चुकीयः—दृढम् ।

राजा—सहस्रानीकस्य नप्ता ।

काञ्चुकीयः—स एव ।

राजा—कौशाम्बीशः ।

काञ्चुकीयः—सुव्यक्तम् ।

राजा—गान्धर्ववित्तकः ।

काञ्चुकीयः—एवं ब्रुवन्ति ।

राजा—वत्सराजो ननु ।

काञ्चुकीयः—अथकिं, वत्सराजः ।

राजा—अथ किमुपरतो यौगन्धरायणः ।

काञ्चुकीयः—न खलु, कौशाम्ब्यां किल ।

राजा—यद्येवं, न गृहीतो वत्सराजः ।

काञ्चुकीयः—श्रद्धत्तां महासेनः ।

उपजातहर्षोऽप्यसंभावनया पृच्छति—किमित्यादि ।।

तत्रभवतेत्यादयस्त्रयोदश संवादा असंभावनानिमित्तकपुनःपुनःप्रश्नतदुत्तररूपाः । गान्धर्वविक्तकः गीतकलायां लोकविदितः ।।

जीवति यौगन्धरायणे वत्सराजग्रहणमसम्भवीति बुद्ध्या पुनः पृच्छति—अथेत्यादि । उपरतः प्रमीतः ।।

न खल्विति । न खलु नैवोपरतः । कौशाम्ब्यां वत्सराजधान्यां । वर्तत इति शेषः । किलेति वार्तायाम् ।।

यद्येवमित्यादिना ग्रहणाविस्रम्भं पुनराविष्कृतमपनेतुमाह—श्रद्धत्तामित्यादि । श्रद्धत्तां विश्वसितु ।।

राजा--

न श्रद्दधाम्युदयनग्रहणं त्वयोक्तं व्यावर्तनं करतलैरिव मन्दरस्य ।
यस्याहवेषु रिपवः कथयन्ति शौर्यं यौगन्धरायणमतानि च नः स्वनन्ति ॥

काञ्चुकीयः—प्रसीदतु महासेनः । वृद्धोस्मि ब्राह्मणः खल्वहम् । न महासेनसमीपेऽनृतमभिहितपूर्वम् ।

राजा—आ अस्त्येतत् । अथ कः प्रियदूतः शालङ्कायनेन प्रेषितः ।

काञ्चुकीयः—न पुरुषः । जवातिशययुक्तेन खररथेन वत्सराजमग्रतः कृत्वा स्वयमेवामात्यः प्राप्तः ।

राजा—एवं प्राप्तः । हन्त भोः ! अद्य विमुक्तसन्नाहा सुखं विश्राम्यत्वक्षौहिणी । अद्यप्रभृति प्रच्छन्नकृतदूतसम्प्रेषणा अशङ्किताः स्थास्यन्ति राजानः । एष समासः—अद्यास्मि महासेनः ।

नेति । त्वयोक्तम्, उदयनग्रहणं, करतलैः, मन्दरस्य व्यावर्तनमिव मन्दरगिरेर्विभ्रामणमिव । न श्रद्दधामि न विश्वसिमि । यस्य उदयनस्य । आहवेषु युद्धेषु । रिपवः, शौर्यं शूरकर्म । अर्थाद् उदयनस्य संबन्धि । नः अस्माकम् । कथयन्ति वर्णयन्ति । यौगन्धरायणमतानि च यौगन्धरायणमन्त्रणफलानि च । स्वनान्ति संशब्दयन्ति । स्वनिरिहान्तर्भावितण्यर्थः । अथवा यौगन्धरायणमतानि कर्तृणि, स्वनन्ति ध्वनन्ति व्यक्तीभवन्तीत्यर्थः । स्वतो महाशूरस्य मन्त्रियौगन्धरायणसहायस्य च सतस्तस्य ग्रहणं सर्वथैवासम्भावितमित्याभिप्रायः ॥ ९ ॥

प्रसीदत्वित्यादि ॥

आ इत्यादि । आशब्दः स्मरणे । एतद अस्ति, त्वयानृतं नोक्तपूर्वमित्येतत् तथ्यमित्यर्थः ॥

न पुरुष इत्यादि । पुरुषो न, प्रेषित इत्यनुकृष्यते । अग्रतः पुरः ॥

एवमित्यादि । हन्त भोः इति सन्तोषे । अद्य, विमुक्तसन्नाहा परित्यक्तकवचा । विश्राम्यतु जेतव्यशेषस्य वत्सराजस्य जितत्वात् श्रमपरिहारसुखमनुभवतु । विश्रामयत्वक्षौहिणीमिति विमुक्तसन्नाह इति च क्वचित् पाठः । अत्रामात्यः प्रयोजककर्ता । प्रच्छन्नकृतदूतसंप्रेषणाः वत्सराजशङ्कया मां प्रति अप्रकटकृतदूतप्रेषणाः । एष समासः अयं सन्तोषवचनसंक्षेपः । तस्यैवाकारः—अद्यास्मीत्यादि । महासेन इति प्रद्योतस्य बलपरिमाणनिर्वृत्तं नामधेयम् । तदद्यैव सिद्धं, महतः से-

देवी—(क) किं अमच्चेण आणीदो ।

राजा—अथकिम् ।

देवी—(ख) एदण्णिमित्तं कस्स वि ण दिस्सामो वासवदत्तं ।

राजा—युद्धावजितशत्रुः खल्वेष मम । बादरायण ! शालङ्कायनः क ।

काञ्चुकीयः—आहितो भद्रद्वारे ।

राजा—गच्छ । भरतरोहकं ब्रूहि—कुमारविधिविशिष्टेन सत्कारेण वत्सराजमग्रतः कृत्वा प्रवेश्यताममात्य इति ।

काञ्चुकीयः—यदाज्ञापयति महासेनः ।

(क) किममात्येनानीतः ।

(ख) एतन्निमित्तं कस्मा अपि न दित्सामो वासवदत्ताम् ।

नापरिमाणस्य वत्सराजग्रहणेन साफल्यादिति भावः । अद्य विमुक्तेत्यतः प्राग् 'अद्य मेऽप्रतिहतं शासनम्' इति क्वचिद् अधिकः पाठः ॥

किमित्यादि । जगद्विख्यातगुणस्य वत्सराजस्य हस्तप्राप्तस्य वरत्वमिच्छन्त्यास्तद्दिदृक्षया प्रश्नोऽयम् ॥

अथकिमिति ॥

एदण्णिमित्तमित्यादि । एतन्निमित्तं वत्सराजेन निमित्तेनेत्यर्थः । कस्मा अपि अन्यस्मै कस्मैचित् वराय । न दित्सामः न दातुमिच्छामः । एतेन वत्सराजाय वासवदत्तादानमिष्टमिति सूचितम् ॥

युद्धेति । एषः मम युद्धावजितशत्रुः खलु, युद्धे विजित्यगृहीतः शत्रुः खलु । अथाप्येतस्मै गुणसम्पदपेक्षया कन्या स्वयं प्रदेया वर्तते , किं कुर्म इत्याशयः । अथ स्वकन्यावरत्वेन सङ्कल्पितस्य तस्य ग्रहणनिमित्तव्यलीकपरिहारादेसदृशं प्रद्योतचेष्टितं बादरायणेत्यादिना प्रकाश्यते ॥

आहित इति । भद्रद्वारे सर्वतोभद्राख्यस्य सौधस्य द्वारे । आहितः निवेशितः ॥

गच्छेत्यादि । कुमारविधिविशिष्टेन कुमारस्य युवराजस्य यो विधिः उपचारानुष्ठानं तद्युक्तेन ॥

यदित्यादि ॥

राजा—एहि तावत्।

काञ्चुकीयः—अयमस्मि।

राजा—वत्सराजदर्शने कश्चिन्नोत्सारयितव्यः।

शत्रुं पश्यन्तु मे पौराः श्रुतपूर्वं स्वकर्मभिः।
सिंहमन्तर्गतामर्षं यज्ञार्थमिव संयतम्॥ १०॥

काञ्चुकीयः—यदाज्ञापयति महासेनः। (निष्क्रान्तः।)

देवी—(क) बहूणि अब्भुदआणि इमस्सिं राअउले अणुभूदाणि। ण खु अहं ईदिसं पीदिजोग्गं महासेणस्स सुमरामि।

राजा—अहमप्येतादृशं प्रीतिविशेषं न श्रुतपूर्वं स्मरामि, यथा गृहीतो वत्सराज इति।

देवी—(ख) वच्छराओ णं।

राजा—अथकिम्।

(क) बहवोऽभ्युदया अस्मिन् राजकुलेऽनुभूताः। न खल्वहमीदृशं प्रीतियोग्यं महासेनस्य स्मरामि।

(ख) वत्सराजो ननु।

एहि तावदिति। पुनराह्वानमादेशशेषदानार्थम्॥

अयमित्यादि॥

वत्सेत्यादि।

शत्रुमित्यादि। स्वकर्मभिः निजापदानैः। यज्ञार्थं देवतोपहाराय। संयतं बद्धं, सिंहमिव॥ १०॥

यदित्यादि॥

बहूणीत्यादि। प्रीतियोग्यं सन्तोषस्थानम्॥

अहमपीति। अहमपि, वत्सराजो गृहीत इति यथा, वत्सराजो गृहीत इत्यतो यादृशः प्रीतिविशेष इत्यर्थः। एतादृशं प्रीतिविशेषं एवञ्जातीयं सन्तोषविशेषहेतुं। श्रुतपूर्वं न स्मरामि पूर्वश्रुतत्वेन नाभिजानामि। 'अहमीदृशं प्रियम्' इति क्वचित् पाठः॥

साकूतं पृच्छति—वच्छेत्यादि॥

अथकिमिति॥

देवी—(क) बहूणि सम्बन्धप्पओअणागदाणि राअउळाणि सुदाणि । एदिणा ण पेसिदपुरुवो पुरुसो ।

राजा—देवि ! महासेनशब्दमपि न गणयति, किं सम्बन्धमभिलषति ।

देवी—(ख) ण गणेदि । किं बाळो अपण्डिदो वा ।

राजा—बालः, न त्वपण्डितः ।

देवी—(ग) किण्णुहु एणं उस्सेअदि ।

राजा—उत्सेकयत्येनं प्रकाशराजर्षिनामधेयो वेदाक्षरसमवायप्रविष्टो

(क) बहूनि संम्बन्धप्रयोजनागतानि राजकुलानि श्रुतानि । एतेन न प्रेषितपूर्वः पुरुषः ।

(ख) न गणयति । किं बालः अपण्डितो वा ।

(ग) किन्नुखल्वेनमुत्सेकयति ।

बहूणीत्यादि । राजकुलानि राजपुत्रा इत्यर्थः । तदुत्पन्नेषु तत्त्वव्यपदेशः । एतेन वत्सराजेन । पुरुषः अस्मत्संबन्धघटनार्थो दूतः ॥

देवीत्यादि । संबन्धं मत्कन्याप्रतिग्रहद्वारकं मत्संबन्धम् ॥

णेति । न गणयतीति प्रश्नकाकुः । गणनीयस्यागणनं कश्चिद् बालभावात् कुर्याद्, अबाल्येऽप्यवैदुष्याद्वा । अतः पृच्छति—किमित्यादि ॥

बाल इत्यादि ॥

किण्णुहु इत्यादि । उत्सेकयति उत्सेको गर्वः तद्वन्तं करोति ॥

उत्सेकयतीत्यादि । प्रकाशराजर्षिनामधेयः प्रकाशानि प्रसिद्धानि राजर्षीणां नामधेयानि यस्मिन् सः । वेदाक्षरसमवायप्रविष्टः क्रमवान् वर्णसन्निवेशोऽक्षरसमवायः, तच्च वाक्यं, वेदस्य वेदरूपे वा अक्षरसमवाये प्रविष्टः प्रतिपाद्यतया प्रवेशं गतः । पञ्चमवेदभूतमहाभारतप्रतिपाद्य इत्यर्थः । यद्वा भरतवंशकूटस्थस्य पुरूरवस उपाख्यानम् ऋग्वेदे (अष्ट०८.अ०५) गीयत इति कृत्वा वेदप्रतिपाद्य इत्यर्थः । प्रविष्ट इत्यस्य स्थाने प्रतिष्ठित इति क्वचित् पाठः । भारतः भरतस्य चक्रवर्तिनः संबन्धी । दायाद्यागतः दायः कुलधनं दायरूपम् आद्यं भोग्यवस्तु दायाद्यं दायाद्यत्वेन आगतः प्राप्त इति तथा । गान्धर्वो वेदः सङ्गीतविद्या । वयस्सहजं तारुण्यसाचिव्यम् । विस्रम्भयति विश्वासयति ॥

भरतो वंशः। दर्पयत्येनं दायाद्यागतो गान्धर्वो वेदः। विभ्रमयत्येनं वयस्सहजं रूपम्। विस्रम्भयेत्येनं कथमप्युत्पन्नोऽस्य पौरानुरागः।

देवी — (क) अभिळसणीआ वरगुणा। कस्स वामदाए दोसो संवुत्तो।

राजा — देवि! किमिदानीमस्थाने विस्मितासि। पश्य,

अग्निः कक्ष इवोत्सृष्टो दहत् कार्त्स्न्येन मेदिनीम्।
अस्य मे शासनं दीप्तं विषयान्तेऽवसीदति ॥ ११ ॥

(प्रविश्य)

काञ्चुकीयः — जयतु महासेनः। यथाज्ञाप्रयुक्तसत्कारं प्रविष्टः शालङ्कायनः। स तु विज्ञापयति — इदं भरतकुलोपभुक्तं वत्सराजकुले द्रष्टव्यं घोषवती नाम वीणारत्नम्। महासेनः प्रतिग्राहयितव्य इति। (वीणां दर्शयति।)

(क) अभिलषणीया वरगुणाः। कस्य वामतया दोषः संवृत्तः।

अभीति। अभिलषणीयाः स्पृहणीयाः। वरगुणाः कन्यावरयितव्यपुरुषार्हाः गुणाः। भवन्ति, अर्थात् कुलकलावयोरूपप्रजानुरागास्त्वदुक्ताः। कस्य वामतया कस्य गुणस्य अनभिलषणीयतया। दोषः संवृत्तः, अस्मान् प्रति द्वेष्यत्वरूपो दोषस्तस्य सञ्जातः। अहो अभिलषणीयवरगुणसम्पन्नस्य द्वेष्यत्वमित्यभिप्रायः। 'तस्य वामदाए' इति न हृद्यः पाठः॥

देवीत्यादि। अस्थाने अविषये।

अग्निरिति। कक्षे तृणगुल्मे। उत्सृष्टः क्षिप्तः। अग्निरिव, मेदिनी कार्त्स्न्येन दहत्, भूमण्डले निखिले निरङ्कुशं प्रसरदित्यर्थः। दीप्तं ज्वलितम् ऊर्जितं। मे शासनम् आज्ञा। अस्य विषयान्ते वत्सराजस्य जनपदसीमायाम्। अवसीदति न प्रसरति। सर्वेषु राजसु मम शासनमनुसरत्सु अयमेको लङ्घयतीति मां प्रत्यपह्नुत्वमेवास्य दूषणमिति भावः॥ ११॥

जयत्वित्यादि। यदाज्ञाप्रयुक्तसत्कारम् आज्ञाप्रकारप्रयुक्तबहुमानं यथा भवति तथा। द्रष्टव्यं दृष्टिप्रियमित्यर्थः। वीणारत्नं प्रशस्ता वीणा। प्रतिग्राहयितव्यः प्रतिगृह्णन् प्रयोजयितव्यः। अर्थाद् वीणाम्॥

राजा—प्रतिगृहीतं जयमङ्गलम् । (वीणां गृहीत्वा) इयं सा घोषवती नाम । यैषा,

श्रुतिसुखमधुरा स्वभावरक्ता करजमुखोल्लिखिताग्रघृष्टतन्त्री ।
ऋषिवचनगतेव मन्त्रविद्या गजहृदयानि बलाद् वशीकरोति ॥ १२ ॥

भोः ! समरावजितानां रत्नानामिष्टसम्भोगः प्रीतिमुत्पादयति ।

अर्थशास्त्रगुणग्राही ज्येष्ठो गोपालकः सुतः ।
गान्धर्वद्वेषी व्यायामशाली चाप्यनुपालकः ॥ १३ ॥

क्वनुखल्वियं सुन्यस्ता भवेत् । देवि ! वासवदत्ता वीणामुपक्रान्ता ननु ।

देवी—आम ।

राजा—तेन हि इयमस्यै प्रदीयताम् ।

प्रतीत्यादि । जयरूपस्य मङ्गलस्य ज्ञापकत्वाज्जयमङ्गलं वीणारत्नम् । यैषेति श्लोकान्वयि ।

श्रुतीति । श्रुतिसुखमधुरा श्रुतिसुखा निक्वणेन श्रवणसुखजननी मधुरा दर्शनीया च । स्वभावरक्ता स्वभावेन रागाख्यगीतिधर्मवती । करजमुखोल्लिखिताग्रघृष्टतन्त्री करजमुखैर्नखाग्रैर्यद् उल्लिखितम् उल्लेखनम् ऊर्ध्वभागे स्पर्शनं, तेन अग्रघृष्टा अग्रे घट्टिता नादार्थं तन्त्री यस्याः सा । ऋषिवचनगता मन्त्रविद्येव ऋषयो मन्त्रद्रष्टारः, तद्वाक्याश्रिता मन्त्रविद्येव स्थिता । यैषा वीणा । बलात् हठात् । गजहृदयानि, वशीकरोति अवश्यानि वश्यानि करोति ॥ १२ ॥

भो इत्यादि । रत्नानां श्रेष्ठवस्तूनाम् । इष्टसम्भोगः इष्टजनकर्तृकोऽनुभवः ।

इष्टजनेष्वपत्यानां प्रधानत्वात् तेषु वीणार्पणार्हतां विमृशति—अर्थेति । ज्येष्ठः सुतः, गोपालकः, अर्थशास्त्रगुणग्राही बार्हस्पत्यौशनसादिराज्यतन्त्रविद्यागुणज्ञः, न तु गीतगुणज्ञ इत्यर्थः । अनुपालकः गोपालकानुजन्मा मम सुतः । गान्धर्वद्वेषी गीतविद्यायामरतिमान् । द्वेकारः पूर्वस्य लघुत्वं न विहन्ति प्रह्वत । गान्धर्वदूषीति वा पाठः कल्प्यः । व्यायामशाली चापि व्यायामेन मल्लविद्यया शलितुं वल्गितुं शीलमस्येति तथाभूतश्च । एवञ्च पुत्रौ द्वावपि वीणानर्हाविति भावः ।

क्वेत्यादि । क्वनुखलु कस्मिन्निष्टजने । इयं वीणा । सुन्यस्ता सुष्ठु निक्षिप्ता । उपक्रान्ता अभ्यसितुमारब्धवती ॥

आमेति । आमशब्दोऽङ्गीकारे ॥

तेनहीत्यादि । इयं वीणा ॥

देवी—(क) वीणाप्पदाणेण भूओ वि उम्मत्ता वि अ चिट्ठदि ।

राजा—क्रीडतु क्रीडतु । नैतत् सुलभं श्वशुरकुले । बादरायण ! क्व सा ।

काञ्चुकीयः—अमात्येन सहोपविष्टा ।

राजा— अथ वत्सेष्वधिकृतः ।

काञ्चुकीयः—आहितविनयत्वात् पादयोरङ्गे तस्य बहुप्रहारत्वाच्च स्कन्धवाह्येन शयनीयेन मध्यमगृहे प्रवेशितः ।

राजा—हा धिग् , बहुप्रहारः । एष इदानीं निरुपस्कृतस्य तेजसो दोषः । नृशंसः खल्वस्मिन् काल उपेक्षितवान् । बादरायण ! गच्छ । भरतरोहकं ब्रूहि—क्रियतामस्य व्रणप्रतिकर्मेति ।

(क) वीणाप्रदानेन भूयोऽप्युन्मत्तेव तिष्ठति ।

वासवदत्ता वीणायाः शिक्षोपक्रमदशायामप्यस्यां तद्व्यसनितामासाद्योन्मत्तेव तिष्ठति; सेदानीं वीणाप्रदानेन प्रोत्साहिता चेद् बहुतरमुन्मत्ता स्थास्यतीत्याह—वीणेत्यदि ॥

क्रीडत्वित्यादि । आभीक्ष्ण्ये द्वित्वम् । 'क्व सा' इति पाठः । 'क्व स' इत्यपपाठः क्वचित् । सा वासवदत्ता । क्व कुत्र वर्तते ॥

अमात्येनेत्यादि । 'सहोपविष्टा' इति पाठः । उपविष्ट इत्यपपाठः ॥

अथेत्यादि । अथेति प्रश्ने । वत्सेषु अधिकृतः वत्सराजः । क्वेति संबध्यते । पूर्वप्रश्नानुपदकृतेनानेन प्रश्नेन वासवदत्तावत्सराजयोरेकबुद्ध्युपारूढत्वं द्योत्यते । तेन च वासवदत्तां वत्सराजाय दातुमध्यवसायः प्रद्योतस्य हृदयगुप्तः सूचितो द्रष्टव्यः ॥

आहितेत्यादि । आहितविनयत्वाद् विनीयतेऽनेनापराधीति विनय इह निगलः , स आहितो निवेशितो यस्य स आहितविनयः , तत्त्वात् ॥

हेत्यादि । हा धिगिति बहुप्रहारतानुशोचनम् । निरुपस्कृतस्य अनाहितसंस्कारस्य । स्थानास्थानविवेकविधुरं प्रयुक्तं तेज इत्यभिप्रायेणैवमुक्तम् । अस्मिन् काले उपेक्षितवान् नृशंसः खलु, प्रहारव्रणप्रतिकर्मार्हे समये एतस्योपेक्षां कुर्वन् जनः घातुकः खलु भवति । अनुपेक्षानुरूपमादिशति—बादरायणेत्यादि । व्रणप्रतिकर्म व्रणचिकित्सा ॥

काञ्चुकीयः—यदाज्ञापयति महासेनः ।

राजा—अथवा एहि तावत् ।

काञ्चुकीयः—अयमस्मि ।

राजा—अस्य सर्वदर्शनमविमुक्तसत्कारमवगन्तव्यम् । आकारसूचिता अस्य प्रीतयो विज्ञेयाः । अतिक्रान्तविग्रहाश्रिताः कथा न कथयितव्याः । क्षुतादिप्रयोगेष्वाशिषोऽभिधेयाः । कालसंवादिना स्तवेनार्च्यः ।

काञ्चुकीयः—यदाज्ञापयति महासेनः । (निष्क्रम्य प्रविश्य) जयतु महासेनः । पथ्येव कृतव्रणप्रतिकर्मा वत्सराजः । अकालस्तावदिदानीं द्वितीयस्य प्रतिकर्मण इति । मध्याह्नमारोहति दिवाकरः ।

राजा—अथ कस्मिन् प्रदेशे वीरमानी ।

काञ्चुकीयः—मयूरयष्टिमुखे ।

राजा—हा धिग्, अनाश्रयणीयः खल्वयं देशः । आतपप्रातिकूल्यार्थं मणिभूमिकायां प्रवेशयेत्याज्ञापय ।

यदित्यादयस्त्रयः संवादाः ॥

वत्सराजविषयवात्सल्यानुगुणमादिशति — अस्येत्यादि । अस्य, सर्वदर्शनम् अन्तर्गताभिलाषसूचनी सर्वविधा दृष्टिः । अविमुक्तसत्कारं सबहुमानम् । अवगन्तव्यम् अवगम्य सफलयितव्यमित्यर्थः । आकारसूचिताः इङ्गिताभिव्यक्ताः । प्रीतयः प्रीतिविषयाः । क्षुतादिप्रयोगेषु क्षुतादीनां क्षव-कास जृम्भितानां प्रयोगेषु करणेषु । आशिषः 'चिरं जीवे'त्यादयो मङ्गलवाचः । कालसंवादिना स्तवेन अर्च्यः प्रबोधस्नानभोजनादिकालानुरूपेण स्तुतिपाठेन पूजनीयः ॥

यदित्यादि । अकालः समयो न प्राप्त इत्यर्थः । मध्याह्नम् अह्नो मध्यम् । 'अह्नोऽह्न एतेभ्यः' इत्यह्नादेशः । इह सूर्यस्य दिनमध्यप्रातिकथनं तत्कालकरणीयस्य प्राप्तावसरत्वस्मारणार्थम् ॥

अथेत्यादि । वीरमानी वीरमात्मानं मन्यते वीरमानी वत्सराजः । 'आत्ममाने खश्च' इति खश् ॥

मयूरयष्टिमुख इति । मयूरस्थित्यर्थं यष्टयो यत्र स्थापिताः, स सौधविशेषो मयूरयष्टिः, तस्य मुखे अग्रिमकक्ष्यायाम् ॥

हा धिगित्यादि । अनाश्रयणीयः आश्रयितुमधिवस्तुमनर्हः । आतपसन्नि-

काञ्चुकीयः—यदाज्ञापयति महासेनः । (निष्क्रम्य प्रविश्य) यदाज्ञप्तं महासेनेन, तत् सर्वमनुष्ठितम् । अमात्यस्तु भरतरोहको महासेनं द्रष्टुमिच्छति ।

राजा—व्यक्तं न रोचते तस्मै वत्सराजसत्क्रिया । अस्यैष नीतेः परिश्रमः । अहमेवैनमनुनयामि ।

देवी—(क) किं सम्बन्धो णिच्चिदो ।

राजा— न तावन्निश्चयो गम्यते ।

देवी—(ख) अळं दाणि तुवरिअ । बाळा मे दारिआ ।

राजा—यदभिरुचितं भवत्यै । प्रविशत्वभ्यन्तरम् ।

(क) किं सम्बन्धो निश्चितः ।

(ख) अलमिदानीं त्वरित्वा । बाला मे दारिका ।

कर्षादित्यर्थसिद्धम् । मणिभूमिकायां मणिप्रचुरायां कक्ष्यायाम् ।।

यदित्यादि ।।

व्यक्तमित्यादि । व्यक्तं नूनम् । एषः अस्य नीतेः परिश्रमः, इदं वत्सराजग्रहणं भरतरोहकनीतिप्रयोगपरिश्रमफलम् । अतो मद्विरुद्धाभिप्रायोऽपि स नावज्ञेय इत्याभिप्रायः । अनुनयामि परिसान्त्वयामि । अर्थाद् वत्सराजसत्कारानुकूल्यार्थम् ।।

वत्सराजेन सह कन्यासम्बन्धेऽभिलाषमतिमहता तत्सत्कारयत्नेन भर्तुर्हृदयस्थं मन्वाना वक्ष्यमाणप्रकारस्य तद्दृढीभावाद्यर्थकालप्रतीक्षोपक्षेपस्य, पूर्वनिर्दिष्टमागधकाशिराजादिकन्यार्थिविषयकस्वारुचिप्रकाशनस्य चावसरसम्पादनाय पृच्छति—किमित्यादि । संबन्धः, प्रस्तुतमागधाद्यन्यतमेन सह ।।

न तावदित्यादि ।।

अळमिति । इदानीं, त्वरित्वा अलं, वरनिर्णयं प्रति त्वरा मास्तु, कियांश्चित् कालः प्रतीक्ष्यतामित्यर्थः । कालप्रतीक्षणे हि मागधादिभ्यो गुणवत्तरं कन्यार्थिनमवश्यं लभेमहीत्याशयः । बाला असंप्राप्तयौवना ।।

यदिति । भवत्यै यद् अभिरुचितं, तत् करिष्यामीत्यर्थम् । 'यदाभिरुचितं भवत्यै तदा भवतु' इति पाठे वरनिर्णयो भवतेः कर्ता । अभ्यन्तरम् अन्तःपुरान्तरालम् । प्रविशतु अर्थाद् भवती ।।

देवी—(क) जं महासेणो आणवेदि। (निष्क्रान्ता सपरिवारा।)

राजा—(विचिन्त्य)

पूर्वं तावद् वैरमस्यावलेपादानीतेऽस्मिन् स्यात् तु मध्यस्थता मे।
युद्धक्लिष्टं संशयस्थं विपन्नं श्रुत्वा त्वेनं संशयं चिन्तयामि ॥ १४ ॥

(निष्क्रान्तौ।)

द्वितीयोऽङ्कः

(क) यन्महासेन आज्ञापयति।

जमित्यादि ॥

पूर्वमिति। पूर्वं तावत् आनयनात् प्राक्। अस्य वत्सराजस्य। अवलेपाद् गर्वात्। मे, वैरं विरोधः। आसीदिति शेषः। अर्थात् तद्विषये। अस्मिन्, आनीते अवजित्योपस्थापिते सति। मे, मध्यस्थता स्यात् तु, पूर्ववैरानिर्यातनाद् उदासीनवृत्तिर्भवन्ती संभाव्यत एव। तुशब्दोऽवधारणे। मम मध्यस्थतायां न्याय्यायां नाहं मध्यस्थः किन्तु स्निग्धवृत्तिर्भवामीत्येतादृशमात्मनि विशेषमाविष्कुर्वन्नाह—अहं तु, विशेषद्योतकस्तुशब्दः। युद्धक्लिष्टं युद्धपरिखिन्नं। विपन्नं ग्रहणरूपां विपत्तिं प्राप्तम्। एनं वत्सराजं। संशयस्थं श्रुत्वा प्रहाररुजादिवशात् जीवेन्नवेति सन्देहस्य विषयभूतं निशम्य। संशयं चिन्तयामि, तज्जीवितसन्देहं स्मरन्नाधिमान् भवामीत्यर्थः। चिन्तिरिह मनोव्यथाकरे स्मरणे वर्तते। स्निग्धचेष्टितं खलु तदेतच्चिन्तनमित्यभिप्रायः। अथवा संशयं चिन्तयामीत्यस्यायमर्थः— संशयं संशयहेतुं रुजाम्। चिन्तयामि चिकित्सारम्भणैः प्रत्यवेक्षे इति। अभिप्रायः पूर्ववत् ॥ १४ ॥

निष्क्रान्ताविति द्वितीयाङ्कपरिसमाप्तिः ॥

द्वितीयोऽङ्कः।

अथ तृतीयोऽङ्कः

(ततः प्रविशति डिण्डिकवेषो विदूषकः।)

विदूषकः—(क) (निरूप्य) भो ! देवउळपीठिआए मम मोदअमल्लअं णिक्खिविअ दक्खिणामासआणि गणिअबन्धिअ पडिणिवुत्तो दाणि

(क) भोः! देवकुलपीठिकायां मम मोदकमल्लकं निक्षिप्य दक्षिणा-

अथ तृतीयोऽङ्कः ।

अथ यौगन्धरायणचिकीर्षितत्वेन प्रथमाङ्कशेषे सामान्यतः सूचितानां प्रयत्नानामिह विशेषाकाराः प्रकाश्यन्ते। यौगन्धरायणः किल भगवद्बादरायणप्रसादलब्धैस्तत्परिच्छदविशेषैरुन्मत्तानुरूपैः प्रच्छादितस्वरूपः श्रमणकव्यञ्जनेन रुमण्वता वत्सराजवयस्येन च डिण्डिकवेषभाजा वसन्तकेन सहायाभ्यां साकमुज्जयिनीं प्राप्तः; वेषप्रत्ययान्निरङ्कुशं तस्यां पर्यटंस्तथा पर्यटद्भ्यामन्याभ्यां सह शून्ये क्वचित् सङ्केतेन संहत्यान्वहं मन्त्रं मन्त्रयामास; स्वामिसन्दर्शनसम्भाषणादिकं साक्षाद् वा सहायद्वारेण वा समयेषु लेभे ; कार्यापेक्षितान् कांश्चित् प्रद्योतभृत्यान् इष्टार्थदानैः स्ववशवर्तिनश्चकार; सहायकर्मकालप्रतीक्षणपरान् निजभटान् बहून् काणखञ्जादिरूपच्छलचारिणः प्रद्योतभृत्यच्छद्माश्रयांश्च कृत्वा तत्र वासयामास। वत्सराजग्रहणसिद्धिनिमित्ताद् गर्वाद् निस्सपत्नभावाविस्रम्भाच्च नैश्चिन्त्यसुखवश्यतामुपगतेषु प्रद्योत-शालङ्कायन भरतरोहकेष्वीदृशाश्छलप्रयोगा यौगन्धरायणस्य न दुष्करा बभूवुः। इत्थं सर्वतः संविहितात्मात्मीयपरिरक्षेण यौगन्धरायणेन जातु कश्चिदर्थः सम्मन्त्र्य निर्णीतः। यथा—यः स महाबलो नलागिरिर्नाम प्रद्योतस्य प्रियतमो गजेन्द्रः, तस्य नानाविधमदसाधनसंविधानैर्मदमुपजनयिष्यामः। तेनाकाण्डमदोदयदुर्धर्षतां प्राप्तं तं गजतदन्यप्राणिव्यापत्तिपरिहारेण क्षिप्रं दमयितुं प्रद्योतो गजवशीकरणविद्याविशारदं वत्सराजमवश्यं शरणमुपगमिष्यति। ततः शत्रोरनुमत्यैव स्वामी बन्धनान्निष्क्रम्य वीणां घोषवतीं हस्तगतां कृत्वा नलागिरिं च स्वाधीनं विधाय तस्मिन् व्यवस्थितासनः पश्यत्सु शत्रुषु अनन्यानुगम्येन महत्तमेन वेगेन तं वाहयन् तत्कालोत्थितशत्रुभटप्रतिग्रहव्यग्रैर्झटितिविवृतात्मभिः स्वैर्गूढभटैश्चिन्त्यमानपृष्ठः कौशाम्बीं गन्तुमर्हतीति। तमेनमर्थं स्वामिने निवेद्य तस्मात् प्रतिसन्देशमादाय प्रत्यागतस्य डिण्डिकवसन्तकस्य प्रवेशः, यौगन्धरायणरुमण्वद्भ्यां सह क्वचिच्छून्ये देवालये मन्त्रणाय समागमः, वत्सराजस्य वासवद-

त्वारहोविस्रम्भवश्यत्वं तेनात्मन एकाकिनः कौशाम्बीप्रयाणं यथोक्तमरोचयमानस्य सहैव वासवदत्तया कर्तुमिच्छां च वसन्तकमुखाद् विज्ञाय मन्त्रिणोऽर्थाकुलीभावः, ततो यौगन्धरायणस्य वासवदत्तासहितवत्सराजहरणप्रतिज्ञानम् इतीदृशा अर्थाश्चतुरोदारसंवादभङ्गिभेदसुभगमास्मिन्नङ्के प्रतिपादिताः। वत्सराजमोचनाभ्युपायमन्त्रनिश्चयपरत्वाचाङ्कोऽयं मन्त्राङ्क इत्युच्यते।

अत्रादौ वत्सराजदर्शनप्रत्यागतं विदूषकं प्रवेशयति—**ततः प्रविशती**—त्यादि। डिण्डिको नाम, यो विकृतवेषभाषणादिना जनस्य हास्यं जनयन् भिक्षामर्जयति स उच्यते, तस्येव वेषो यस्य स डिण्डिकवेषः।

'भो देवउलपीठिआए' इत्यादिः 'एकस्स शाडिआए कथं अनरस्स मुळ्ळेण'इत्येतदन्तः प्राकृतवाक्यसन्दर्भः कपटडिण्डिकोन्मत्तश्रमणकतत्तदुक्तिरूपो ह्यर्थः। तस्य हि वक्तृवेषानुगुणवाच्यार्थातिरेकेण मन्त्रसंबद्ध आभ्यन्तरार्थः कश्चिद् वाच्यार्थसारूप्यादिवशात् प्रतीतिपथमवतरन्ननुभूयते। तमेनं व्याख्यास्यामः।

भो देवउळेति। भो इति वितर्के। देवकुलपीठिकायां देवकुलस्य शिवालयस्य पीठिकायाम् अधिष्ठाने आलिन्दे इत्यर्थः। मम मोदकमल्लकं मोदका अपूपविशेषाः तद्युक्तं मल्लकं पात्रम्। स्वार्थे कन्। 'मल्लः पात्रे कपोले च मत्स्यभेदे बलीयसि' इति मेदिनी। बलीयोवाचि वा मल्लशब्द इह लक्षणया प्रशस्ते वर्तते, प्रशस्तं मोदकमित्यर्थः। निक्षिप्य, दक्षिणामाषकान् ऋत्विजे दीयमाना भृतिर्दक्षिणा दक्षिणात्वेन लब्धान् हेमलवान्। गणयित्वा संख्याय। बद्ध्वा, प्रतिनिवृत्तः, अहम् इदानीं मोदकमल्लकं न प्रेक्षे इति बाह्योऽर्थः। देवो राजा महासेनः, तस्य कुलस्य वंशस्य पीठिकायां मालिकायां कीर्तिगौरवाद्यधिष्ठानभूतायाम्, अर्थाद् वासवदत्तायां। मम मोदकमल्लकं प्रियश्रेष्ठम्, अर्थाद् वत्सराजं। निक्षिप्य तस्मिन् दृष्टानुरागा सा तमवश्यं चिन्तयिष्यतीति विस्रम्भादर्पयित्वेत्यर्थः। अथवा अर्पितात्मानं विज्ञायेत्यर्थः। "पीठिका स्यादधिष्ठानं पीठिका मालिका स्मृता" इति किमपि टिप्पणम्। दक्षिणामाषकान् गणयित्वा वत्सराजदत्तानि प्रतिसन्देशवाक्यानि ज्ञात्वा। बद्ध्वा मनसि स्थिरीकृत्य। प्रतिनिवृत्तः, अहमिदानीं, मोदकमल्लकं मोदकस्य सन्तोषकस्य वासवदत्ताहरणरूपस्य कार्यस्य मल्लकं निर्वहणसमर्थं पात्रं यौगन्धरायणं मन्त्रार्थं कृतसमयं। न प्रेक्षे इह न पश्यामि। इत्याभ्यन्तरोऽर्थः। विचिन्त्येति। मोदकादर्शनकारणानि तर्कयित्वेत्यर्थः।

मोदअमल्लअं ण पेक्खामि । (विचिन्त्य) आ एकमोदअपरितोसिदो ण दाव ओळग्गो मं अणुसरदि । उच्चदाए पाआरस्स अगई कुक्कुराणं । अक्खदभत्तदाए अळोहणीअं पहिआणं । आदु अपि णं खाआमि । भोदु

माषकान् गणयित्वा बद्ध्वा प्रतिनिवृत्त इदानीं मोदकमल्लकं न प्रेक्षे । आ एकमोदकपरितोषितो न तावदवलग्नो मामनुसरति । उच्चतया प्राकारस्यागतिः कुक्कुराणाम् । अक्षतभक्ततयालोभनीयं पथिकानाम् । अथवा अ-

---

तर्कितानि तान्येकशो युक्त्या खण्डयति—आ एकेति । आ इति युक्तिस्मरणे । अवलग्नः अवसक्तः मोदकखादनसक्तः, मोदकानयनवेलायां तदाशया पथि सङ्गतो वा भिक्षुक इत्यर्थः । एकमोदकपरितोषितः सन् एकेन मोदकेन तृप्तः सन् । मां, न तावदनुसरति नैवानुसृतवान् । वर्तमानसामीप्यविवक्षया भूते लट् । मया सह नात्रागतः । किन्तु यथागतं स्वं स्थानं गत इत्यर्थः । अतोऽवलग्नो मोदकमल्लकमपहृतवानिति न शङ्कनीयमिति बाह्योऽर्थः । अवलग्नः षड्भागसक्तो राजा प्रद्योतः । एकमोदकपरितोषितः प्रधानेन मोदकेन वत्सराजबन्धनरूपेण प्रहर्षितः सन् । माम्, उपलक्षणया यौगन्धरायणादीन् अस्मान् । नानुसरति गूढं चरतो नानुचरति, गर्वान्धकारितहृदयत्वान्न जानातीत्यभिप्रायः । अतः प्रद्योतो यौगन्धरायणमपि बद्धवानिति न शङ्कनीयमिति आभ्यन्तरोऽर्थः ।

उच्चदाए इति । प्राकारस्य उच्चतया उन्नतत्वेन अलङ्घ्यत्वेन हेतुना । कुक्कुराणं शुनाम् । अगतिः अप्रवेशः । अर्थात् प्राकारलङ्घनप्रवेश्यायां देवकुलपीठिकायाम् । अतः कुक्कुरेषु मोदकापहारित्वं न शङ्क्यमिति बाह्योऽर्थः । प्राकारस्य वत्सराज्यरक्षकत्वाच्छत्रुदुर्नीतिप्रतिरोधकत्वाच्च प्राकारतुल्यस्य यौगन्धरायणस्य । उच्चतया प्रज्ञोन्नतत्वेन हेतुना । कुक्कुराणां नीचबुद्धित्वेन श्वतुल्यानां महासेनसचिवानाम् । अगतिः गतिरुपायो नास्ति, अर्थाद् यौगन्धरायणं विग्रहीतुम् । अतो महासेनसचिवैः स विज्ञाय निगृहीत इति शङ्काया नावकाशः । इत्याभ्यन्तरः ।

अक्खदेति । पथिकानाम् अध्वगानाम् । अक्षतभक्ततया अहीनान्नतया पाथेयसम्पन्नतया हेतुना । अलोभनीयम् अभिलषणीयं न भवति, अर्थादस्मन्मोदकम् । तत् कुतः पथिकेषु मोदकापहारित्वशङ्केति बाह्योऽर्थः । पथिकानां नित्यसञ्चारितया पथिकतुल्यानां चाराणाम् । अक्षतभक्ततया, भक्तपदं सर्वभोग्योपल-

ओग्गारइस्सं दाव अहं । हीही बुड्ढो विअ सूअरवत्थी सुद्धवादं एव्व उग्गिरामि । अहव ळोहिदकच्चाअणीए केरअं मम केरअं ति करिअ सिवेण

प्येनं खादामि । भवतु उद्गरिष्यामि तावदहम् । हीही वृद्ध इव सूकरवस्तिः

क्षणं, वत्सराजग्रहणपरितुष्टस्वामिदत्तधनहिरण्यादिसकलभोग्यसमृद्धिशालितयेत्यर्थः । अलोभनीयं लोभनीयाभावः स्वामिसकाशप्राप्तव्यम् अभिलषणीयं वस्तु किमपि नास्ति । एवञ्च पूर्णकामताहङ्कारग्रस्ततया महासेनचाराणां स्वकर्मणि यथावद् व्यापाराभाव इति भावः । अतो यौगन्धरायणश्चारैर्विज्ञाय गृहीतः स्यादित्याशङ्काया अनवकाशः । अथवा, पथिकानाम् अस्मद्भृत्यानां गूढचारिणाम् । अक्षतभक्ततया अक्षतया अनपायया भक्तया स्वाम्यनुरागेण हेतुना । अलोभनीयं शत्रुपक्षसकाशात् स्पृहणीयं किमपि नास्ति । तेनास्मत्पक्ष्यैः परोपप्रलोभनदूषितैर्यौगन्धरायणो ग्राहित इति न शङ्कनीयमित्याभ्यन्तरः ।

आदु इति । अथवा एनं मोदकम् । अपि खादामि अहमेव भक्षितवान् किम् । इति हास्यानुगुणो बाह्योऽर्थः । एनं अपि खादामि, अहमेव प्रतिग्रहगामी सततमुखरमुखः कच्चित् प्रमादात् परपरिज्ञानहेतुभूतानि वचनान्युदीर्य यौगन्धरायणं नाशितवान् किम् इत्याभ्यन्तरः ।

भोदु इति । भवतुशब्दो निपातोऽसूयाङ्गीकारे । अहम् उद्गारिष्यामि तावत्, उद्गारयत्नेन निस्सृते वायौ भक्षितवस्तुगन्धं गृहीत्वा मोदकभक्षणमात्मकृतं निर्णेष्यामीति हास्यानुगुणोऽर्थो बाह्यः । तथाविधं किं किं प्रमादवचनमिति चिन्तयामीत्याभ्यन्तरः ।

हाहीति । हीशब्दो हर्षे । स चात्मदोषाभावनिर्णयनिमित्तः । वृद्धः सूकरवस्तिरिव आध्मातो वराहमूत्राशय इव । शुद्धवातमेव उद्गिरामि, मोदकगन्धशून्यं वायुमेव निस्सारयामि । अतो मोदकं नैवाहमखादिषमिति बाह्योऽर्थः । शुद्धवातमेव परास्यूहरन्ध्रविरहनिर्दोषं वाक्यमेव । उद्गिरामि उक्तवान् इत्याभ्यन्तरः ।

अहवेति । अथवा, शिवेन देवेन । लोहितकात्यायन्याः संबन्धि रक्तचामुण्डयाः संबन्धि तन्मन्दिरलब्धत्वात् तदीयमित्यर्थः । मम संबन्धीति कृत्वा स्वपरिचारदैवतस्वामिकं द्रव्यं स्वीयमिति मत्वा । प्रतिहस्तीकृतं भवेत् स्वहस्तगतं कृतं स्यात् । अर्थान्मोदकम् । इति हास्यानुगुणोऽर्थः । शिवेन कल्याणबुद्धिना यौगन्धरायणेन । लोहितकात्यायन्याः संबन्धि वासवदत्तायाः संबन्धि तत्स्नेहपरवश-

पडिहत्थीकिदं भवे। (निरूप्य) जदि वि एसो बह्मआरी बहुकेहि रूवेहि अविणअं करेदि। भोदु पेक्खिस्सं दाव अहं। भो! एदं खु मम मोदअमळ्ळअं

शुद्धवातमेवोद्गिरामि। अथवा लोहितकात्यायन्याः सम्बन्धि मम सम्बन्धीति कृत्वा शिवेन प्रतिहस्तीकृतं भवेत्। यद्यप्येष ब्रह्मचारी बहुकै रूपैरविनयं करोति। भवतु प्रेक्षिष्ये तावदहम्। भोः! एष खलु मम मोदकमल्लकः

त्वात् तस्याः स्वभूतं वस्तु वत्सराजरूपम्। मम संबन्धीति कृत्वा मद्वश्यमनायासेन कौशाम्बीं नेतुं शक्यमिति तन्मनोवृत्तितत्त्वाज्ञानान्मत्वा। मोदकं प्रियं, कर्तव्यतया सङ्केतितपूर्वं कौशाम्बीप्रयाणविषयं मन्त्रणकर्मेत्यर्थः। प्रतिहस्तीकृतं भवेत् अप्रधानीकृतं भवेत्, फलस्यान्यथासुलभत्वभ्रमाद् अनवश्यकर्तव्यमिति विचारितं भवेत्। इह काकुा न भवेदित्यर्थः। कल्याणबुद्धौ तस्मिन् समयलङ्घनदौर्जन्यस्यासंभाव्यत्वादित्यभिप्रायः। इत्याभ्यन्तरोऽर्थः। अत्र हस्तं प्रतिगतं प्रतिहस्तम्, अतत् तत् सम्पद्यमानं कृतं प्रतिहस्तीकृतमित्याद्येऽर्थे व्युत्पत्तिः; द्वितीये तु प्रतिहस्तः प्रतिनिधिः अप्रधानम्। शेषं समानम्।

जादिवीति। यद्यपीति पक्षान्तरशङ्कायाम्, अथवेत्यर्थः। बहुकैः रूपैः उपलक्षितः कामरूपी। एषः पुरोवर्ती ब्रह्मचारी वर्णी। अर्थात् शून्याशिवालयप्रतिष्ठितो गणाधिपः। अविनयं दुर्वृत्तं मोदकापहाररूपं। करोति कृतवान् किं प्रियमोदकत्वात्। इह काकुः। सोऽयं हास्यानुगुणो बाह्योऽर्थः। बहुकैः रूपैः अनेकैः प्रकारैः। प्रतिजनशुभाशुभादेशन-प्रतिजनचिकित्सन प्रतिजनवाचालत्वादिभिरुपलक्षितः। एषः, ब्रह्म तपश्चरितुं शीलमस्येति ब्रह्मचारी श्रमणकः, अर्थाद् रुमण्वान्। अविनयं करोति, नञर्थकाकुा मन्त्रभेदलक्षणमपचारं न कृतवानित्यर्थः। सर्वत्र गत्वरोऽप्ययं तीव्रव्रतनिष्ठया मन्त्रगुप्तिव्रतान् प्राणात्ययेऽपि न प्रमाद्येदित्यभिप्रायः। तदित्थं यौगन्धरायणानागमनहेतूनां बाधं समर्थितवता विदूषकेण स्वहृदये तदागमनप्रत्याशा लब्धप्रतिष्ठा सूचितेति बोद्धव्यम्।

भोदु इति। भवतु, अहं प्रेक्षिष्ये तावत्। शिवगृहं साकल्येन परिशोधयिष्यामि, क वर्तते मे मोदकमल्लक इति इति बाह्योऽर्थः। शिवस्य दर्शनसेवां करिष्यामीत्याभ्यन्तरः करिष्यमाणवरप्रार्थनानुगुणः। यौगन्धरायणो यावदायति तावत् तं प्रतीक्षिष्ये इति वा।

भो एदमिति। एष खलु मोदकमल्लकः शिवस्य पादमूले तिष्ठतीति स्पष्टो बाह्योऽर्थः। मम, मोदकमल्लकः प्रशस्तं प्रियं वासवदत्तासहितवत्सराजहर-

सिवस्स पादमूळे चिट्ठइ। जाव णं गह्णामि। देहि भट्टा! देहि मे मोदअ-मळ्ळअं। भट्टा! तुवं वि मम चोरो सि। अविहा आळिहिदं खु मम मो-दअमळ्ळअं संदावतिमिरेण सुट्ठु ण पेक्खामि। भोदु पमज्जिस्सं दाव अहं। हीही साहु ळे चित्तअर! भाव! साहु। जुत्तळेहदाए वण्णाणं

शिवस्य पादमूले तिष्ठति। यावद् एनं गृह्णामि। देहि भर्तः! देहि मे मोदकमल्लकम्। भर्तः! त्वमपि मम चोरोऽसि। अविधा आलिखितं खलु मम मोदकमल्लकं सन्तापतिमिरेण सुष्ठु न प्रेक्षे। भवतु प्रमार्जिष्यामि तावदहम्। हीही साधु रे चित्रकर! भावः! साधु। युक्तलेखतया वर्णानां

णरूपम्। शिवस्य यौगन्धरायणस्य पादमूले तिष्ठति यौगन्धरायणैकसाध्यत्वात् तदधीनमित्यर्थः। अथवा परमेश्वरकृपैकसाध्यत्वात् तदधीनमिति इत्याभ्यन्तरः।

जावेति। एनं मोदकमल्लकम्। यावद् गृह्णामि ग्रहीष्यामीति बाह्योऽर्थः। एनं भगवत्पादमूलं ग्रहीष्यामि शरणीकरिष्यामि इष्टार्थसिद्धये इत्याभ्यन्तरः।

देहीति। बाह्यार्थः स्फुटः। मे, मोदकमल्लकं देहि प्रियतमं यौगन्धरायण-क्षिप्रसमागमं मन्त्रार्थे घटयेत्यर्थः। सवासवदत्तवत्सराजहरणं घटयेति वा। इ-त्याभ्यन्तरः।

भट्टा तुवमिति। भर्तः! त्वमपि, मम, चोरोऽसि मोदकतस्करो भ-वसि। इति हास्यानुगुणोऽर्थः। असीत्यत्र काका, त्वद्भक्तस्य मे कार्यविघटको न भवेरित्याभ्यन्तरः।

अविहेति। अविधेति खेदे। स च मोदकासत्यत्वबुद्ध्या। आलिखितं खलु आलेख्यार्पितं, न तु सत्यम्। मोदकमल्लकं, मम सन्तापतिमिरेण उग्रात-पाभिघातजनितेन चक्षुर्जडिम्ना। सुष्ठु न प्रेक्षे सम्यङ् न पश्यामि। भित्तिशो-धनावसरसम्पादनार्थेयमुक्तिरकार्थैव।

भोदु इति। भवतु, अहं प्रमार्जिष्यामि तावत् करेणाभिमृश्य शोधयि-ष्यामि, अर्थादालेख्यभित्तिम्। भित्तिशोधनं च मोदकासत्यत्वनिश्चयार्थं हास्य-पक्षे; स्थानविविक्तत्वनिश्चयार्थं तु पक्षान्तरे, महासेनभृत्या वितनिष्यमाणमस्म-न्मन्त्रम् आलेख्यवद् देवगर्भगृहभित्तिलग्नाः स्थित्वा मा श्रौषुरिति।

भित्तिं प्रमृज्याह—हीहीति। हीशब्दो हर्षे। स चालेख्यगुणानुसन्धानात् स्थानविविक्तत्वनिश्चयाच्च। हे चित्रकर! आलेख्यशिल्पिन्! साधु साधु श्लाघनीयं

जह जह पमज्जामि, तह तह उज्जळदरं होइ। भोदु, उदएण पमज्जिस्सं। कहिंणुहु उदअं। इदं सोहणं सुद्धतडाअं। अहं विअ सिवो वि दाव एदस्सिं मोदअमल्लए णिरासो होदु।

यथा यथा प्रमार्ज्मि, तथा तथोज्ज्वलतरं भवति। भवतु, उदकेन प्रमार्जिष्यामि। कुत्रनुखल्दकम्। इदं शोभनं शुद्धतटाकम्। अहमिव शिवोऽपि तावद् एतस्मिन् मोदकमल्लके निराशो भवतु।

ते शिल्पकौशलम्। तद् विवृणोति— वर्णानां शुक्लनीलादीनां। युक्तलेखतया पर्याप्तानिवेशतया हेतुना। यथा यथा प्रमार्ज्मि, तथा तथा उज्ज्वलतरं भवति अतिशयेन दीप्तवर्णं भवति, न तु वीतवर्णं भवति। इति बाह्योऽर्थः। हे चित्रकर! अद्भुतनीतिप्रयोगनिपुण! यौगन्धरायण! साधु साधु त्वन्नीतिप्रयोगकौशलं श्लाघनीयम्। तद् विवृणोति—वर्णानां प्रकाराणां त्वदीयकार्यविधानानामित्यर्थः। युक्तलेखतया यथार्हप्रणयनतया। यथा यथा प्रमार्ज्मि विधानसारासारभावं प्रकर्षेण परीक्षे, तथा तथा उज्ज्वलतरं सारतरं भवति, न किमपि ते विधानं निस्सारमुपलभ्यत इति भावः। इत्याभ्यन्तरः।

भोदु इति। भवतु, उदकेन प्रमार्जिष्यामि। मोदकनिर्णयं प्रति हस्तस्पर्शलक्षणेन शोधनेनापरितुष्यत इव विदूषकस्यायम् उदकक्षालनलक्षणशोधनोपन्यासो हास्यानुगुणः; पक्षान्तरे तु उदकापेक्षाव्याजेन तटाकस्य शोधनार्थः, तस्मिन् निलीय कश्चिद् मा मन्त्रं श्रौषीदिति।

कहिमित्यादि। स्पष्टम्।

जलमपेक्षमाणो निकटतटाकमुपसृत्य परिवीक्ष्याह—इदमित्यादि। इदं स्थलं शुद्धतटाकं शुद्धं निर्मलजलम् अथ च जनसान्निध्यदोषरहितं तटाकं यस्मिंस्तत् तथाभूतम्। अत एव शोभनं मङ्गलकरं मन्त्रयोग्यमित्यर्थः।

अहं विअ इति। शिवोऽपि देवोऽपि अहमिव, एतस्मिन् आलेख्यरूपे मोदकमल्लके, निराशः आशारहितः। भवतु। सत्यमोदके ह्युभयोरपि सकामता स्यादित्यभिप्रायः। इति बाह्योऽर्थः। अहमिव, शिवोऽपि यौगन्धरायणोऽपि अथवा देवोऽपि। एतस्मिन् मोदकमल्लके वासवदत्तासहितवत्सराजहरणे। निराशो भवतु त्यक्ताभिलाषो भवतु। अर्थाद् वासवदत्तासहितवत्सराजहरणे अभिलाषवान् भवतु। वासवदत्तया सह वत्सराजस्य कौशाम्बीप्रयाणं रोचयमानस्य मम मतं यौ-

(नेपथ्ये)

(क) मोदआ ! मोदआ ! हहह ।

विदूषकः—(ख) अविहा एसो उम्मत्तओ मम मोदअमल्लअं गह्णिअ हसमाणो फेणायमाणमळिणवरिसारच्छोदअं विअ इदो एव्वाहावइ । चिट्ठ चिट्ठ उम्मत्तअ ! चिट्ठ । इमिणा दण्डअट्ठेण सीसं दे भिन्दामि ।

(क) मोदकाः ! मोदकाः ! हहह ।

(ख) अविधा एष उन्मत्तको मम मोदकमल्लकं गृहीत्वा हसमानः फेनायमानमलिनवर्षारथ्योदकमिवेत एवाधावति । तिष्ठ तिष्ठोन्मत्तक ! तिष्ठ । अनेन दण्डकाष्ठेन शीर्षं ते भिनद्मि ।

गन्धरायणोऽनुवर्ततां देवः शिवोऽपि साधयत्विति आत्मन आशंसनेन वाक्येन सूचिता ॥

मोदआ इति । प्रवेक्ष्यत उन्मत्तरूपस्य यौगन्धरायणस्य नेपथ्ये वाक्यमिदम् । मोदका इत्यपूपाभिसंबोधनं वयस्यसंबोधनं च । हहह इति हसितध्वन्यनुकारः ॥

नेपथ्योत्थं वचनमाकर्ण्य वक्तारं दृष्टवत उक्तिः — अविहेति । अविधा हन्त । एष उन्मत्तकः कुत्सित उन्मत्तः । मम, मोदकमल्लकं गृहीत्वा अपूपविशेषम् अपहृत्य । हसमानः व्यसनितया हसन् । ताच्छील्ये चानश् । फेनायमानमलिनवर्षारथ्योदकमिव फेनायमानं फेनं डिण्डीरमुद्वमत् मलिनं पांसुगोमयाङ्गारादिसंसर्गमलीमसं च यद् वर्षारथ्योदकं वर्षासु प्रवृत्तं प्रतोलीजलं, तदिव । इत एव इहैव । आधावति द्रुतमागच्छति । इति बाह्योऽर्थः । उन्मत्तकः उन्मत्तसदृशो यौगन्धरायणः । 'इवे प्रतिकृतावि'ति कन् । मम, मोदकमल्लकं गृहीत्वा मम प्रियतरं मन्त्रावसरम् अपरिहृत्य; पूर्वोपक्लृप्ते मन्त्रावसरेऽनतीत एवेत्यर्थः । इत्येतावान् पक्षान्तरे विशेषः । इह हसमानत्वफेनायमानत्वयोर्बिम्बप्रतिबिम्बभावेनैकत्वाध्यवसायात् साधारणधर्मत्वं, मलिनत्व-जवगन्तृत्वयोस्त्वनुगामित्वादिति बोद्धव्यम् ।

चिट्ठेति । उन्मत्तक ! तिष्ठ मा पालयस्व । त्रिरुक्तिः संभ्रमात् । अनेन दण्डकाष्ठेन, ते मोदकचोरस्य तव । शीर्षं मूर्धानं भिनद्मि दलयामीति बाह्योऽर्थः । भो यौगन्धरायण ! तिष्ठ निर्णीतकार्यानुष्ठानाय मा त्वरस्व । अनेन बुद्धिस्थेन ।

(ततः प्रविशत्युन्मत्तकः ।)

उन्मत्तकः—(क) मोदआ ! मोद आ ! हहह ।

विदूषकः—(ख) भो उम्मत्तअ ! आणेहि मम मोदअमळ्ळअं ।

उन्मत्तकः—(ग) किं मोदआ । कहिं मोदआ । कश्श मोदआ । किं इमे मोदआ उज्झन्ति, आदु पिणज्झन्ति, उदाहो खज्जन्ति ।

(क) मोदकाः ! मोदकाः ! हहह ।

(ख) भो उन्मत्तक ! आनय मम मोदकमल्लकम् ।

(ग) किं मोदकाः । कुत्र मोदकाः । कस्य मोदकाः । किमिमे मोदका उज्झयन्ते, अथवा पिनह्यन्ते उताहो खाद्यन्ते ।

दण्डकाष्ठेन त्वन्निर्णयाविरोधिना स्वामिप्रतिसन्देशेन । ते, शीर्षं मतम् एकाकिवत्सराजहरणाध्यवसायं । भिनद्मि शिथिलयामि । इत्याभ्यन्तरः ।।

मोदआ इत्यादि ॥

भो इति । मे, मोदकमल्लकम् आनय, मम अपूपविशेषं देहीति बाह्योऽर्थः । मम, प्रियतरम् अर्थान्मन्त्रावसरं , देहीत्याभ्यन्तरः ।।

किमिति । उन्मत्तसदृशो बाह्यार्थः स्फुटः । पक्षान्तरे तु—किं मोदकाः, अज्ञातार्थे किंशब्दः । मोदकाः मन्त्राः अज्ञाताः , मन्त्राणां पूर्वमेव कृतत्वादिदानीं कः पुनः प्रसङ्गः इति न ज्ञायते इत्यर्थः । कुत्र मोदकाः किं स्वपक्षोत्थदोषप्रतीकारविषये उत परपक्षोत्थदोषप्रतीकारविषये मन्त्राः कर्तव्याः । स्वकृतसंविधानसौष्ठवप्रत्ययात् प्रकारान्तरेण दोषासंम्भवं निश्चित्य, तत्र कश्चिदेव प्रकारं संभाव्यं हृदि निधाय पृच्छति—मोदकाः अस्मत्स्वामी । बहुमाने बहुत्वम् । कस्य किंसंबन्धी किमस्माकं वश्यः उत परस्य वश्यः । परवश्यत्वपक्षे आह—इमे मोदकाः स्वामिप्रत्यानयनार्थे धार्यमाणा एते वेषाः । किम् उज्झयन्ते फलनैराश्यात् किं त्यज्यन्ताम् ; अथवा किं पिनह्यन्ते यावत्फलोदयं किं बध्यन्ताम् । फलप्रत्याशाबीजं किञ्चिदस्ति किमित्यभिप्रायः । उताहो किं खाद्यन्तां किं हन्यन्ताम्, अर्थात् स्वामिमोचनवामचेष्टिताः शत्रवः । इह पिनह्यन्त इति 'णह बन्धने' इति दैवादिको धातुः अप्युपसृष्टः । 'वष्टि भागुरिरल्लोपम्' इत्याकारलोपः ॥

विदूषकः—(क) ण खज्जन्ति ण खज्जन्ति ण उज्झन्ति अ ।

उन्मत्तकः—(ख) एसा खु मम रसणा खाइदुकामा लिङ्गाणि करेदि ।

विदूषकः—(ग) भो उम्मत्तअ! आणेहि मम मोदअमल्लअं । मा परकेरए सिणेहं करिअ ओवज्झेहि ।

उन्मत्तकः—(घ) के के मं वज्झन्ति । मोदआ खु मं रक्खन्ति । णेवच्छविसेसमण्डिदा पीदिं उवदेदुं उवडिआ ।

(क) न खाद्यन्ते न खाद्यन्ते नोज्झ्यन्ते च ।

(ख) एषा खलु मम रसना खादितुकामा लिङ्गानि करोति ।

(ग) भो उन्मत्तक! आनय मम मोदकमल्लकम् । मा परकीये स्नेहं कृत्वा अवबध्यस्व ।

(घ) के के मां बध्नन्ति । मोदकाः खलु मां रक्षन्ति । नेपथ्यविशेषमण्डिताः प्रीतिमुपदातुमुपस्थिताः ।

णेति । खादनप्रतिषेधस्य दार्ढ्याय द्विरुक्तिः । खादनोज्झनयोः प्रतिषेधाद् बन्धनपक्षोऽनुज्ञातः ॥

एसा इत्यादि । एषा, मम रसना जिह्वा खादितुकामा भक्षयितुकामा । लिङ्गानि बुभुक्षुचिह्नानि करोति इति बाह्योऽर्थः । एषा मम बुद्धिः शत्रून् हन्तुकामा जिघांसुचिह्नानि करोतीत्याभ्यन्तरः ॥

भो इति । बाह्यार्थः स्फुटः । भो यौगन्धरायण ! मम मन्त्रावसरं देहि, वृत्तान्ततत्त्वं ते निवेदयामि । वत्सराजे परकीये पराधीने सति, यथानिश्चिततत्कौशाम्बीप्रयाणाभिनिवेशं कृत्वा शत्रुबद्धो मा भवेति आभ्यन्तरः ॥

के इति । के के मा बध्नन्ति, मां बन्धुं न कोऽपि शक्त इत्युभयत्र समानोऽर्थः । मोदका इति । मोदकाः खलु मा रक्षन्ति; अर्थात् क्षुन्निवारणेन । इति बाह्योऽर्थः । मोदकाः स्थानस्थानेषु स्थापिताः छद्मचारिणो वत्सराजभटाः । मां रक्षन्ति रक्षिष्यन्ति अर्थाद् मद्बन्धनोद्यतेभ्यः शत्रुभ्यः । इत्याभ्यन्तरः ।

मोदकान् स्तौति—णेवच्छेति । नेपथ्यविशेषमण्डिताः नेपथ्यविशेषैः अ-

ळाअगिहे दिण्णमुल्लिआ काळवसेण मुहुत्तदुब्बळा ॥ १ ॥

विदूषकः—(क) भो उम्मत्तअ! आणेहि मम मोदअमल्ळअं । इमिणा पच्चएण उवज्झाअउळं गन्तव्वं ।

उन्मत्तकः—(ख) मए वि इमिणा पच्चएण जोअणसदं गन्तव्वं ।

राजगृहे दत्तमूल्या कालवशेन मुहूर्तदुर्बलाः ॥

(क) भो उन्मत्तक! आनय मम मोदकमल्लकम् । अनेन प्रत्ययेनोपाध्यायकुलं गन्तव्यम् ।

(ख) मयाप्यनेन प्रत्ययेन योजनशतं गन्तव्यम् ।

लङ्कारभेदैः गुळचणकनालिकेरादिभिरुपस्कारभेदैः मण्डिताः अलङ्कृताः पूरितोदराः । राजगृहे दत्तमूल्याः राजगृहे मया मूल्यं दत्त्वा गृहीताः, न त्वन्यदीयाश्चोरिताः । कालवशेन कालपरिवासेन मुहूर्तदुर्बलाः क्षणेन नीरसाः विश्लथावयवा वा । मुहूर्ताधिककालपरिवासमसहमाना इत्याभिप्रायः । मोदकाः मम, प्रीतिं तृप्तिम् । उपदातुम्, उपस्थिता मम करे सन्निहिताः । इति बाह्योऽर्थः । नेपथ्यविशेषैः मूकबाधिरखञ्जादिवेषभेदैरलङ्कृताः । राजगृहे वत्सराजगृहे दत्तमूल्याः मया स्वामिना च दत्तभोग्याः । अत एव प्रीतिम् उपदातुं मम च स्वामिनश्च परितोषं जनयितुम् । उपस्थिताः समीपे उज्जयिन्यामेव गूढं स्थिताः । मोदकाः स्वामिभृत्याः । कालवशेन कालानुसारेण । मुहूर्तदुर्बलाः मुहूर्तं दुर्बलाः कियन्तंचित् कालम् अप्रकाशमानशौर्याः । सन्ति । योग्ये तु काले प्राप्ते स्वं बलमवश्यं प्रकाशयिष्यन्तीत्याशयः । इत्याभ्यन्तरः ॥ १ ॥

भो इति । भो उन्मत्तक! मम मोदकमल्लकम् आनय । अनेन मोदकेन प्रत्ययेन हेतुना अर्थात् पाथेयेन । उपाध्यायकुलम् आचार्यगृहं गन्तव्यम् । मा मे दूरजिगमिषोः पाथेयहर्ता भवेति बाह्योऽर्थः । यौगन्धरायण! मम मन्त्रावसरं देहि । अनेन प्रत्ययेन मन्त्रानन्तरलब्धेन कार्यनिश्चयेन सह । उपाध्यायकुलं गन्तव्यं स्वामिवासस्थलं गन्तव्यं, स्वामिने मन्त्रार्थं निवेदयितुम् । तस्मान्मन्त्राय त्वरस्वेत्यभिप्रायः । इत्याभ्यन्तरः । "प्रत्ययोऽधीनशपथज्ञानविश्वासहेतुषु रन्ध्रे च प्रथितत्वे चाप्याचारप्रतिथानयोः ॥" इति केशवः ॥

मए इति । बाह्यार्थः स्फुटः । मयापि अर्थात् स्वामिसहितेन अथवा लक्षणया मत्स्वामिनापि । अनेन प्रत्ययेन मद्दुल्लिखितपूर्वेण रन्ध्रेण, नलागिरिमदोत्पा-

विदूषकः—(क) किं एळावणे तुवं ।

उन्मत्तकः—(ख) आम एळावणे अहं । ण हु दाव देवळाजो मं आशणं आलुहदि । शुदं च मए पादपाशिएहि इन्दे वज्झ त्ति । धाराणि-अळेहि विज्जुम्मईहि कशाहि ताळिअ वाउब्भामेण परिब्भमन्तेण भिन्दी-अदि मेहबन्धणं ।

(क) किमैरावणस्त्वम् ।

(ख) आम ऐरावणोऽहम् । न खलु तावद् देवराजो मामासनमारो-हति । श्रुतं च मया पादपाशिकैरिन्द्रो बद्ध इति । धारानिगलैः विद्युन्मयीभिः कशाभिस्ताडयित्वा वातोद्भ्रामेण परिभ्रमता भिद्यते मेघबन्धनम् ।

दन-मदशमनार्थस्वामिबन्धमोचन नलागिर्यारोहणघटनात्मनाभ्युपायेनेत्यर्थः । योज-नशतं योजनशतविप्रकृष्टं कौशम्बीनगरं । गन्तव्यं गन्तुं शक्यम् । अतो मन्त्रणी-यवस्त्वभावात् किमर्थं पुनर्मन्त्रणमिच्छसीत्याभिप्रायः । इत्याभ्यन्तरः ॥

किमिति । त्वम् ऐरावणः किम् इन्द्रवाहभूता ऐरावत इव तावद्दूरगमने शक्तः किम् । इति बाह्योऽर्थः । पूर्वमन्त्ररीत्या कार्याणि साधयितुं किं ते दिव्य-शक्तिरस्तीत्याभ्यन्तरः ॥

आमेति । आम अहम् ऐरावणः ऐरावत एव । किन्तु देवराजः इन्द्रः । आसनं, मां, न खलु आरोहति । यद्यारोहति तमपि वहन् क्षणेनैव योजनशतं गन्तु-महं शक्त इति बाह्योऽर्थः । देवराजः देवानां राज्ञां राजा राजश्रेष्ठः अस्मत्स्वामी । आसनम् अश्वरं किङ्करं । मां नारोहति न नियुङ्क्ते । यदि नियुङ्क्ते म-न्त्रितपूर्वं ततोऽधिकं वा कर्म कर्तुमहं समर्थ इत्याभ्यन्तरः । इन्द्रः, पादपा-शिकैः पादपाशः चरणबन्धनरज्जुः प्रहरणमेषामिति 'प्रहरणम्' इति ठक्, क्षु-द्रायुधयोधिभिरल्पसारैरित्यर्थः । बद्ध इति, मया श्रुतं च ज्ञातं च । अत एव मां नारोहतीत्युन्मत्तसदृशो बाह्योऽर्थः । इन्द्रः अस्मत्स्वामी शालङ्कायनादिभिः क्षुद्रै-रदेशकालदोषाद् बद्ध इत्याभ्यन्तरः । धारानिगलैः धारायाः वृष्टिजलप्रपातस्य निगलैः प्रतिबन्धकैः । विद्युन्मयीभिः असिततडिद्रूपाभिः । कशाभिः प्रतोदैः । ताडयित्वा अर्थान्मेघान् । परिभ्रमता परितो वलमानेन । वातोद्भ्रामेण उद्भ्रान्त-वातेन चण्डावर्तमारुतेनेत्यर्थः । मेघबन्धनं मेघैर्बन्धनम् अन्तरिक्षावरोधनं । भिद्यते भेत्स्यते । वृष्टिप्रतिबन्धकतडिच्चण्डवातप्रवर्तनया मेघानन्तरिक्षादपसारयामीति भावः ।

विदूषकः—(क) भो उम्मत्तअ ! ण तुवं मम दइस्सिसि, विळविस्सं दाव अहं ।

उन्मत्तकः—(ख) विळव विळव विक्कोस वा विळव ।

विदूषकः—(ग) अब्बम्मणं भो ! अब्बम्मणं ।

उन्मत्तकः—(घ) अहं पि विळविस्सं । इन्दे वज्झे भो ! इन्दे वज्झे भो ! ।

विदूषकः—(ङ) अब्बम्मणं भो ! अब्बम्मणं ।

(क) भो उन्मत्तक ! न त्वं मम दास्यसि, विलपिष्यामि तावदहम् ।

(ख) विलप विलप विक्रोश वा विलप ।

(ग) अब्रह्मण्यं भो ! अब्रह्मण्यम् ।

(घ) अहमपि विलपिष्यामि । इन्द्रो बद्धो भो ! इन्द्रो बद्धो भोः ! ।

(ङ) अब्रह्मण्यं भो ! अब्रह्मण्यम् ।

इति बाह्योऽर्थ उन्मत्तानुगुणः । धारानिगलैः शत्रुसेनाग्रप्रतिरोधिकाभिः । विद्युन्मयीभिः कशाभिः ताडयित्वा, विद्युद्भिरिवातर्कितमाविर्भवन्तीभिः कशाभिः कशासदृशैरस्माकं गूढभटैः शत्रून् बाधयित्वा । मेघबन्धनं भिद्यते, मेघवज्जगत्प्रियस्य स्वामिनो बन्धनं भेत्स्यते । इत्याभ्यन्तरः । "धारा प्रवाहे नद्यादेः सैन्याग्रे द्रवसन्ततौ " इति केशवः । " वाताय कपिला विद्युदातपायातिलोहिनी पीता वर्षाय विज्ञेया दुर्भिक्षायासिता भवेत् ॥ " इत्यागमः ॥

भो इत्यादि । स्पष्टो बाह्योऽर्थः । त्वं ममैकाकिनो मन्त्रावसरं चेन्न दास्यसि, अर्थाद् रुमण्वत्सन्निधानमपि यदि प्रतीक्षसे, तर्हि तमाह्वास्यामीत्याभ्यन्तरः ॥

विळवेत्यादि । , विक्कोसअ ' इति क्वचित् पाठः समीचीनः । हे विक्रोशक ! आक्रोशकारिन् ! इत्यर्थः ॥

अब्बम्मणमिति । अब्रह्मण्यम् अधर्मः । अन्योन्याह्वानसङ्केतविशेष एष आक्रोशः ॥

अहमित्यादि । अयमप्याक्रोश आह्वानसङ्केतविशेषः ॥

पुनर्विदूषकस्याक्रोशः—अब्बम्मणमित्यादि ॥

(नेपथ्ये)

(क) मा भाआहि मा भाआहि बह्मणाउस ! मा भाआहि ।

विदूषकः—(सहर्षम्) (ख) आअदे चन्दे समाअदाणि सव्वणक्खत्ताणि । अघं बह्मणभावं । ईहामत्तएण समणएण अभअं दीआदि ।

(ततः प्रविशति श्रमणकः ।)

श्रमणकः—(ग) मा भाआहि मा भाआहि बह्मणाउस ! मा भा-

(क) मा बिभीहि मा बिभीहि ब्राह्मणोपासक ! मा बिभीहि ।

(ख) आगते चन्द्रे समागतानि सर्वनक्षत्राणि । अघं ब्राह्मणभावः । ईहामात्रकेण श्रमणकेनाभयं दीयते ।

(ग) मा बिभीहि मा बिभीहि ब्राह्मणोपासक ! मा बिभीहि । के के इह,

---

संकेताक्रोशं श्रुतवतः कपटश्रमणकस्य रुमण्वतो नेपथ्ये वचनं—मेत्यादि । धर्मोपदेष्टृत्वेनात्मन उपास्यत्वमभिमन्यमानानां श्रमणकानां अन्यान् प्रति समुदाचारः—उपासकेति । हे ब्राह्मणोपासक ! मा बिभीहि मा बिभीहि, तवाहं शरणमस्मीत्यर्थो बाह्यः । मन्त्रार्थमहमागतोऽस्मीत्याभ्यन्तरः ॥

अघमिति । ब्राह्मणभावः अघं ब्राह्मणत्वं शोकहेतुः निर्गुणत्वाच्छोचनीयमित्यर्थः । निर्गुणत्वमेव प्रतिपादयति—ईहामात्रकेण ईहा कर्म मात्रा परिच्छदो यस्य तेन । सत्कर्मप्रधानेनेत्यर्थः । मामकाभयेच्छाप्रकाशनमात्रेणेति वा । श्रमणकेन शाक्यभिक्षुणा । अभयं दीयते मह्यम् । एवञ्चाभयार्थिनं मां प्रति श्रमणकस्यैवाभयदायिन उपस्थानाद् ब्राह्मणस्य कस्याप्यनुपस्थानाद् ब्राह्मणत्वं निर्गुणं श्रमणकत्वमेव गुणाढ्यमिति भावः । इति बाह्योऽर्थः । रुमण्वानाहूतमात्रः सद्यः सन्निधाय मन्त्रावसरं ददामीत्याह, यौगन्धरायणस्तु सन्निहितोऽपि मन्त्रावसरं न दत्तवानित्यसौ दुःखानुवर्त्य इत्याभ्यन्तरः । चन्द्रे दयालौ श्रमणके आगते सति, सर्वनक्षत्राणि समागतानि तत्समानच्छायाः अभयदानक्षमाः अन्येऽपि सत्पुरुषाः । समागताः समागतप्रायाः, अवश्यं समागमिष्यन्तीति बाह्योऽर्थः । चन्द्रे यौगन्धरायणे आगते सति, तत्सहचरावावामपि समगताावित्याभ्यन्तरः ॥

तत इत्यादि ॥

मेत्यादि । इह के के किं कार्यमुद्दिश्य विलपन्ति आक्रोशन्ति ॥

आहि । के के इह, किं कथ्यं, विळवन्दि ।

विदूषकः—(क) अविहा पडिहाररक्खअउत्तिं खु समणओ अणुहोदि । भो समणअ ! भअवं ! एसो उम्मत्तओ मम मोदअमळ्ळअं गड्डुणिअ ण देदि ।

श्रमणकः—(ख) मोदअं पेक्खामि दाव ।

उन्मत्तकः—(ग) पेक्खदु पेक्खदु शमणक ! भवं ।

श्रमणकः—(घ) थु थु ।

विदूषकः—(ङ) हद्धि उम्मत्तअस्स हत्थे ईहामत्तएण समणएण

किं कार्यं, विलपन्ति ।

(क) अविधा प्रतिहाररक्षकवृत्तिं खलु श्रमणकोऽनुभवति । भोः श्रमणक ! भगवन् ! एष उन्मत्तको मम मोदकमल्लकं गृहीत्वा न ददाति ।

(ख) मोदकं प्रेक्षे तावत् ।

(ग) प्रेक्षतां प्रेक्षतां श्रमणक ! भवान् ।

(घ) थु थु ।

(ङ) हाधिग् उन्मत्तकस्य हस्ते ईहामात्रकेण श्रमणकेन थुथूकृता अध-

आविहेति । आविधा । श्रमणकः प्रतिहाररक्षकवृत्तिं प्रतिहाररक्षकस्य वृत्तिं जीविकाम् । अनुभवति, राजद्वाररक्षको हि अतर्किताक्रोशकर्तृकारणादि गवेषयति, तद्वदयमिति हर्षोपहासः । भगवान्निति शाक्यभिक्षुषु सामुदाचारिकं संबोधनम् । मोदकमल्लकं प्रशस्तापूपम् अथ च मन्त्रावसरम् ॥

मोदअमित्यादि । अहमपि मन्त्रमभिलषामीति आभ्यन्तरोऽर्थः ॥

पेक्खदु इत्यादि । प्रेक्षतामिति अपूपदर्शनस्य मन्त्रचिन्तनस्य चाभ्यनुज्ञानम् ॥

दर्शिते मोदके जुगुप्सामाविष्करोति—थुथु इति । जुगुप्सिते वस्तुनि दृष्टे प्रायः सनिष्ठीवं क्रियमाणो जुगुप्सासूचको ध्वनिविशेषोऽयं । पक्षान्तरे तु एष एव स्वसूच्यजुगुप्साविपरीतस्य सन्तोषस्य कृत्रिमसमयवशेन सूचको द्रष्टव्यः । सन्तोषश्च मन्त्राभ्यनुज्ञानविषयः ॥

हद्धीति । हाधिक् । उन्मत्तकस्य हस्ते स्थिताः अधन्यस्य खादनभाग्यहीनस्य, मम, मोदकाः, ईहामात्रकेण श्रमणकेन शाक्यभिक्षुणा थुथूकृताः थुथूकारेणा-

थुथूकिदा अधण्णस्स मम मोदआ दिट्ठपुरुवा एव्व संवुत्ता ।

श्रमणकः (क) भो उम्मत्तआउस ! णीआदेहि णीआदेहि एदाणि मोदआणि कत्थूळिआफेणपण्डराणि बहुपिट्ठसमिद्धकोमळाणि णिट्ठाणिआ सुरा विअ महुराणि । मा दे खाइदाणि खअं उप्पादन्ति ।

न्यस्य मम मोदका दृष्टपूर्वा एव संवृत्ताः ।

(क) भो उन्मत्तकोपासक ! निर्यातय निर्यातय एतानि मोदकानि कस्थूलिकाफेनपाण्डराणि बहुपिष्टसमृद्धकोमलानि निष्ठानिताः सुरा इव मधुराणि । मा ते खादितानि क्षयमुत्पादयन्तु ।

शुद्धीकृताः । अत एव दृष्टपूर्वा एव संवृत्ताः, पूर्वं दृष्टाः केवलं जाताः, न तु ममेदानीं खादनयोग्याः श्रमणकेनाशुद्धीकरणादिति भावः । हा धिक् कष्टम् । इति बाह्योऽर्थः । अधन्यस्य न विद्यते धन्यो यस्मात् तस्य । मम, दृष्टपूर्वाः ज्ञातपूर्वाः । मोदकाः स्वामिसन्देशाः । श्रमणकेन रुमण्वता । थुथूकृताः अनुमोदिताः सन्तः । उन्मत्तकस्य हस्ते संवृत्ता एव यौगन्धरायणस्य हृदये सम्यग् वर्तिष्यन्त एव । वर्तनस्य भाविनो भूतत्वाख्यानमचिरावश्यम्भावबोधनार्थं । क्षणाद् वर्तिष्यमाणे मन्त्रे स्वामिसन्देशानवश्यं यौगन्धरायणहृदये स्थापयिष्यामीत्यभिप्रायः । हाधिगित्येतत् कृत्रिमसङ्केतवशात् सन्तोषेऽपि । इत्याभ्यन्तरः ॥

भो इति । भो उन्मत्तकोपासक ! कस्थूलिकाफेनपाण्डराणि कस्य जलस्य स्थूलिका परिबृंहणं कस्थूलिका बहुबिन्दुसमवायपरिबृंहितं प्रभातदृश्यं निशाहिमजलमुच्यते, कस्थूलिका इव फेनानिव च पाण्डराणि धवलानि । प्रभाते यत्रक्वचिन्निशीवनवद् हिमजलं यद् दृश्यते, तस्य कस्थूरिकाफेन इति संज्ञेति टिप्पणी काचित् । बहुपिष्टसमृद्धकोमलानि बहुभिः पिष्टैः मृदिततण्डुलचूर्णैः समृद्धानि कोमलानि च । निष्ठानिताः सुरा इव सञ्जातनिष्ठानाः अर्थात् तेमनयुक्ताः मदिरा इव । मधुराणि, मोदकानि, निर्यातय निर्यातय प्रत्यर्पय प्रत्यर्पय । तेषाम् अप्रत्यर्प्यखादने विभीषिकामाह—ते त्वया, इदमव्ययम् । खादितानि भक्षितानि सन्ति, अर्थान्मोदकानि, क्षयं रोगविशेषं । मा उत्पादयन्तु । यदि क्षयं नेच्छसि, तानि मा खादीरित्यर्थः । इति बाह्योऽर्थः । हे यौगन्धरायण ! विदूषकेण प्रार्थ्यमानं मन्त्रावसरं देहि देहि । एतानि मोदकानि प्रयुयुक्षिता उपायाः । पाण्डराः अनिष्टशङ्काकलङ्कव्यपोहशुद्धाः । बहुपिष्टसमृद्धकोमलाः बहुपिष्टाः बहुभिः सह बहुकृत्वो विमृष्टाः, अत एव समृद्धाः

विदूषकः—(क) अविहा मोदआणि त्ति करिअ कण्डिळळड्डुआ मे पडिच्छिदा ।

श्रमणकः—(ख) उम्मत्तआउस ! णीआदेहि णीआदेहि । जदि ण णीआदेसि, तुवं सवेमि ।

उन्मत्तकः—(ग) पशीददु पशीददु शमणअ ! भअवं । मा खु मा खु मं शविदुं । गह्ण गह्ण ।

श्रमणकः—(घ) बह्मणाउस ! पेक्ख पेक्ख मम प्पभावं ।

(क) अविधा मोदका इति कृत्वा काण्डिललड्डुका मे प्रतीष्टाः ।

(ख) उन्मत्तकोपासक ! निर्यातय निर्यातय । यदि न निर्यातयसि, त्वां शपामि ।

(ग) प्रसीदतु प्रसीदतु श्रमणक ! भगवान् ! माखलु माखलु मां शप्तुम् ! गृहाण गृहाण ।

(घ) ब्राह्मणोपासक ! प्रेक्षस्व प्रेक्षस्व मम प्रभावम् ।

प्रचुरफलदोहनक्षमाः, कोमलाः अक्लेशसाध्याश्च सन्तः, मधुराः रमणीयाः, भवन्ति। ते चेत् त्वयैकेन स्वबुद्धिमात्रप्रामाण्येन निर्णीताः, तव क्षयं कुर्युरित्याभ्यन्तरः । 'कं शिरोऽम्बुनोः' 'स्यात् तेमनं तु निष्ठानम्' इति च अमरः । स्थूलिकेति 'स्थूल परिबृंहणे' इति धातोर्धात्वर्थनिर्देशो ण्वुल् ॥

अविहेति । अविधा कष्टं । मोदकानीति कृत्वा मोदकानिमान् भक्षयिष्यामीत्याशां कृत्वा । कण्डिललड्डुकाः कण्डिलः सुराकरः तत्सबन्धिनो लड्डुकाः पूपविशेषाः । मे प्रतीष्टाः मया प्रतीक्षिताः । मोदकाः सुराभिरुपमितत्वात् सुराकारलड्डुका इव मम ब्राह्मणस्याभक्ष्याः संवृत्ता इति भावः । इति बाह्योऽर्थः । कौशाम्बीप्रयाणं स्वामिनः क्षिप्रं कर्तव्यमित्यमुं मन्त्रिसन्देशं निवेदितवता मया 'तद् वासवदत्तया सहैव कालं प्रतीक्ष्य करिष्यामी'ति विरुद्धः स्वामिनः प्रतिसन्देशः स्वीकृत इत्याभ्यन्तरः । 'कडि मदे' इत्यस्माद् भावकृदन्तान्मत्वर्थीये इलच्प्रत्यये कण्डिलशब्दः ॥

उम्मत्तेत्यादि । शापो निग्रह एकत्र, अन्यत्र तूपालम्भः ॥

पशीददु इत्यादि । माखलु माखलु, आरभस्वेति क्रियाध्याहारः । भयाद् द्विर्वचनम् ॥

बह्मणेत्यादि । प्रभावं निग्रहानुग्रहशक्तिमिति बाह्यार्थपक्षे । मद्वाक्यमनु-

विदूषकः—(क) एसो उम्मत्तओ एदेण ईहामत्तएण समणएण उज्झिदं सावं पेक्खिअ मोदअमल्लअं भीदभीदं अग्गङ्गुळिआए पसारिदाए ठाविअ चिट्ठइ ! भो उम्मत्तअ ! आणेहि मम मोदअमल्लअं ।

श्रमणकः—(ख) एदु एदु भवं । एदेहि मोदएहि मं सोत्थि वाअइस्सासि ।

विदूषकः—(ग) हीही ममकेरएहिं सोत्थि वाएमि । मए वि कोडुम्बिअस्स हत्थादो पडिग्गहगहीदाणि । ताणि भवदो वि उवाअणं

(क) एष उन्मत्तक एतेनेहामात्रकेण श्रमणकेन उज्झितं शापं प्रेक्ष्य मोदकमल्लकं भीतभीतमग्राङ्गुल्यां प्रसारितायां स्थापयित्वा तिष्ठति ! भो उन्मत्तक ! आनय मम मोदकमल्लकम् ।

(ख) एतु एतु भवान् । एतैर्मोदकैर्मां स्वस्ति वाचयिष्यसि ।

(ग) हीही मदीयैः स्वस्ति वाचयामि । मयापि कौडुम्बिकस्य हस्तात्

न्धता यौगन्धरायणेन मद्विषये प्रकाशितं गौरवमिति पक्षान्तरे ॥

एसो इत्यादि । उज्झितं दत्तं । शेषं स्पष्टम् । 'एसो उम्मत्तओ' इत्यस्य स्थाने 'अयं बह्मणभावं' इति क्वचित् पठ्यते । आभ्यन्तरार्थस्तु—एष यौगन्धरायणो रुमण्वद्वाक्यबहुमानान्मह्यं मन्त्रावसरं दातुं दानोन्मुखकराङ्गुल्यग्रगतमिव सज्जं कृत्वा तिष्ठतीति । अप्रत्याख्यानानिश्चयात् पुनरर्थयते—**भो उम्मत्तअ** इत्यादि ॥

गृहीतमोदकं प्रत्याह—**एदु** इति । भवान् एतु एतु आगच्छागच्छ । यातु यात्वित्यद्धयः क्वचित् पाठः । एतैः मोदकैः करणैः, मां स्वस्ति वाचयिष्यसि मया स्वस्ति व्याहारयिष्यसि । मुष्टमोदकदर्शयित्रे मह्यं तानिमान् मोदकान् उपायनीकृत्य मां 'स्वास्ति तेऽस्तु' इत्याशिषं ब्रुवन्तं प्रयोजयेत्यभिप्रायः । 'सोत्थि वाएहि' इति लोडन्तमेव क्वचित् पठ्यते । स एष बाह्योऽर्थः । एह्येहि । त्वरितोऽस्मि मन्त्रं रचयितुं । मोदकैः मां स्वस्ति वाच्य स्वामिसन्देशैः श्राविनैर्मां प्रीणय । प्रीतो हि प्रीतिविधायिने स्वस्ति वक्तीति स्वास्तिवाचनेन प्रीणनमिह लक्ष्यते । इत्याभ्यन्तरः ॥

हीति । हीशब्दकः सन्तोषे । मदीयैः मम स्वभूतैर्मोदकैः । स्वस्ति वाचयामि । स्वत्वे निमित्तमाह—मयापि, कौडुम्बिकस्य गृहस्थस्य । हस्तात् प्रतिग्रहगृ-

भविस्सदि । सो वि समिद्धो होदु । एसो उम्मत्तओ अग्गिगिहं अहिमुहो गच्छइ । ट्ठिदो मज्झह्णो । पुव्वह्णे वि दाव अअं देसो सुञ्णो भविस्सदि । जाव अहं वि इमाणि दक्खिणामासआणि मग्गगेहे णिक्खिविअ गच्छामि । एकस्स शाडिआए कय्यं अवरस्स मुळ्ळेण ।

(सर्वे अग्निगृहं प्रविशन्ति ।)

प्रतिग्रहगृहीतानि । तानि भवतोऽप्युपायनं भविष्यति । सोऽपि समृद्धो भवतु । एष उन्मत्तकोऽग्निगृहमभिमुखो गच्छति । स्थितो मध्याह्नः । पूर्वाह्णोऽपि तावदयं देशः शून्यो भविष्यति । यावदहमपीमान् दक्षिणामाषकान् मार्गगेहे निक्षिप्य गच्छामि । एकस्य शाटिकया कार्यमपरस्य मूल्येन ।

ईतानि प्रतिग्रहलब्धानि मोदकानि । तानि उपायनं तद्रूपं मोदकरूपम् उपायनम् उपदा । भवतोऽपि भविष्यति, यथा तद्रूपम् उपायनं कौडुम्बिकदत्तं मम पूर्वं भूतं, तथा मद्दत्तं तवापि भविष्यति । सोऽपि समृद्धो भवतु । कौडुम्बिकोऽपि स्वद्रव्यस्य मन्मुखेन त्वयि सत्पात्रे विनियोगसिद्ध्या कृतार्थो भवतु । अपिशब्दादहं च कृतार्थो भवानि । इति बाह्योऽर्थः । मन्मनोगुप्तैः सन्देशैः श्राविततैस्त्वां प्रीणयिष्यामि । ते हि सन्देशाः अस्मत्स्वामिसकाशाद् मया प्रतिग्राह्यद्रव्यवत् प्रीतिपूर्वं गृहीताः ; श्रुताश्च मन्मुखाद् उपदापदार्था इव प्रमोदावहास्तव भविष्यन्ति । अस्मत्स्वामी च युवयोरुभयोरनुकूलवृत्त्या निर्विघ्नसंसिद्धमनोरथो भूयादिति आभ्यन्तरोऽर्थः ।

एसो इति । एष उन्मत्तकः । अभिमुखः मत्कार्यानुकूलः । अग्निगृहं गच्छति, पाकशीतापनयनाद्याग्नेयकर्माई गृहम् अग्निगृहं तत् प्रविशति । मध्याह्नः, स्थितः निष्पन्नः । अयं देशः प्रदेशः । पूर्वाह्णेऽपि तावत् शून्यो भविष्यति, सौम्ये पूर्वाह्णसमयेऽपि रक्तचामुण्डासन्निधानभयादसन्निहितजनो भविष्यति, किं पुनरुग्रातपदुरासदे मध्याह्ने । एवञ्च चोरभयरहितो मन्त्रयोग्यश्चायं देशकाल इत्यभिप्रायः । अत एवाह—अहमपि इमान् दक्षिणामाषकान् मार्गगेहे अर्थात् पुरोवर्तिनि, निक्षिप्य यावद् गच्छामि अग्निगृहं गमिष्यामीति बाह्योऽर्थः । इमान् दक्षिणामाषकान् स्वामिसन्देशान् मार्गगेहे मार्गाणाम् उपायानां गेहे निकेतनभूते, अर्थात् सर्वविधोपायाचिन्तनप्रयोगनिपुणे यौगन्धरायणे । निक्षिप्य’ यावद् गच्छामि इत्याभ्यन्तरः । दाक्षिणामाषकश्चात्मप्रयोजनाय रक्षणीया इत्यप्रस्तुतप्रशंसाभङ्ग्याह — एकस्य शाटिकया वस्त्रेण कार्यं, शाक्यभिक्षोर्बुभुक्षोर्मोदकेन प्रयोजनम् । अतो मोदकं तस्मै दास्यामि

यौगन्धरायणः—वसन्तक ! शून्यमिदमग्निगृहम् ।

विदूषकः—(क) आम भो ! सुञ्ञं खु इदं ।

यौगन्धरायणः—तेन हि परिष्वजेतां भवन्तौ ।

उभौ—बाढम् । (परिष्वजेते ।)

यौगन्धरायणः—भवतु भवतु । तुल्यपरिश्रमौ भवन्तौ । आस्तां भवान् । भवानप्यास्ताम् ।

उभौ—बाढम् ।

(सर्वे उपविष्टाः ।)

(क) आम भोः ! शून्यं खल्विदम् ।

न तु रक्षिष्यामीत्यभिप्रायः । अपरस्य मूल्येन कार्यं, मम दाक्षिणाभाषकैः प्रयोजनम् । अत आयत्यर्थं तान् रक्षितुमिच्छामीत्यभिप्रायः । इति बाह्योऽर्थः । स्वामिन इष्टमवश्यं सेत्स्यतीति समर्थयितुमाह—एकस्य शाटिकया कार्यं, स्वामिनो वासवदत्तया प्रयोजनम् । अपरस्य मूल्येन कार्यं यौगन्धरायणस्य स्वामिना प्रयोजनम् । वासवदत्तया सहैव कौशाम्बीगमनं स्वामिन इष्टं, स्वामिकौशाम्बीगमनं तु यौगन्धरायणस्येष्टमिति समुदितार्थः । एषोऽभिप्रायः—यथा शाटिकार्थितन्मूल्यार्थिनोर्मध्ये मूल्यार्थी शाटिकार्थिने शाटिकामप्रदाय मूल्यमात्मन इष्टं न लभते, तथा स्वामिकौशाम्बीगमनार्थी यौगन्धरायणः वासवदत्तार्थिनः स्वामिनो वासवदत्तासाहित्यमघटयित्वात्मन इष्टं नैव लभत इति सोऽवश्यमात्मेष्टसिद्धये स्वामीष्टसिद्धिमुपायैर्घटयिष्यतीति । इत्याभ्यन्तरोऽर्थः ॥

सर्वे इत्यादि ॥

इत्थं चामुण्डामन्दिरपरिसरगते क्वचन विरलजनगतागते शून्यशिवालये सम्भूय देशकालविस्रम्भालाभात् स्वस्ववेषसदृशैरेव संवादैरात्मकार्यरहस्यान्यन्योन्यमात्रवेदनीयया रीत्या गूढं व्यवहृत्य सम्प्रति समुचितदेशकालविस्रम्भलाभात् तानि प्रकटं मिथो व्यवहर्तुं यौगन्धरायणादीनामारम्भः । तत्रादौ यौगन्धरायण आह—वसन्तकेत्यादि । शून्यं विजनं मन्त्रयोग्यम् ॥

विदूषक इति । इत आरभ्याङ्कावसानं यावद् 'विदूषकः' इत्यस्य स्थाने 'वसन्तकः' इति क्वचित् पठ्यते ॥

आमेत्यादयः पञ्च संवादाः । परिष्वजेताम् आलिङ्गताम्, अर्थान्माम् । तुल्यपरिश्रमौ स्वामिकार्यार्थे समानमनोवाक्कायायासविधायिनौ ॥

यौगन्धरायणः—वसन्तक ! अपि दृष्टस्त्वया स्वामी ।

विदूषकः—(क) आम भो ! दिट्ठो तत्तभवं ।

यौगन्धरायणः—हन्तभोः, अतिक्रान्तयोगक्षेमा रात्रिः । दिवस इदानीं प्रतिपाल्यते ।

अहः समुत्तीर्य निशा प्रतीक्ष्यते शुभे प्रभाते दिवसोऽनुचिन्त्यते ।
अनागतार्थान्यशुभानि पश्यतां गतं गतं कालमवेक्ष्य निर्वृतिः ॥ २ ॥

रुमण्वान्—सम्यग् भवानाह । तुल्येऽपि कालविशेषे निशैव बहुदोषा बन्धनेषु । कुतः,

---

(क) आम भोः ! दृष्टस्तत्रभवान् ।

वसन्तकेत्यादि । त्वया स्वामिदर्शननियुक्तेनेत्यार्थम् । अपि दृष्टः दृष्टः किम् ॥

आमेत्यादि । तत्र भवान् पूज्यः ॥

रिपुनगरच्छन्नचर्यानियन्त्रणदशायामस्यामनवरतानर्थशङ्कासमुत्थं चेतसोऽस्वास्थ्यमनुभूयमानमनुसन्धायाह—हन्तेति । हन्तभोः कष्टम् । रात्रिः, अतिक्रान्तयोगक्षेमा अतिक्रान्तः अतीतः योगक्षेमः विनानर्थं देहयात्रा यस्यां सा तथाभूता । दिष्ट्या सम्पन्नेति शेषः । इदानीं, दिवसः, प्रतिपाल्यते सुसम्पन्नयोगक्षेमो भवेन्न वेत्यनुचिन्त्यते ।

रात्रिदिवसयोरित्थं पर्यायचिन्तनं चक्रवत् परिवर्तत इत्यभिप्रायेणाह—अहरिति । अहः प्रतिपाल्यमानं दिवसं । समुत्तीर्य विनानिष्टं कथमप्यतिवाह्य । निशा प्रतीक्ष्यते रात्रिः प्रतिपाल्यते । प्रभाते. शुभे, प्रत्यूषे मङ्गले दृष्टे अर्थात् प्रतीक्ष्यमाणायां निशायां शुभप्रभातायां सत्यां । दिवसः अनुचिन्त्यते अपि विनानिष्टमवस्येदित्यौत्सुक्येन प्रतीक्ष्यते । चिन्तादुःखचक्रकेऽस्मिन् निर्वृतिस्थानं किञ्चिदाह—अनागतार्थानि अनागताय भविष्यत्कालायेमानि अर्थाद् भविष्यत्कालसम्बन्धीनि । अशुभानि, पश्यतां चिन्तयताम् अस्माकं । गतं गतं कालम् अवेक्ष्य शुभेनातीतं सर्वं कालं स्मृत्वा । निर्वृतिः सुखम् । लब्धव्यमिति शेषः ॥ २ ॥

सम्यगिति । भवान्, सम्यग् युक्तम् । आह । कालविशेषे कालगते भेदे । तुल्येऽपि निशादिवसयोः समाने सत्यपि । बन्धनेषु नियन्त्रणेषु अर्थादस्मदनुभूयमानजातीयेषु मनोवाक्कायगुप्तिपूर्वकबहुविधच्छलप्रयोगसङ्कटेषु । निशैव, बहुदोषा शङ्कनीयबहनर्था ।

व्यवहारेष्वसाध्यानां लोके वाप्रतिरज्यताम् ।
प्रभाते दृष्टदोषाणां वैरिणां रजनी भयम् ॥ ३ ॥

यौगन्धरायणः—वसन्तक! स्वामिना सह कथितं ननु ।

विदूषकः—(क) आम भो! चिरं एव्व च ह्मि तत्तहोदा ओवज्झो। अज्ज चउद्दसीं ह्णाअमाणो पडिवाळिदो अ ।

यौगन्धरायणः—स्नातः स्वामी ।

(क) आम भोः! चिरमेव चास्मि तत्रभवतावबद्धः। अद्य चतुर्दशीं स्नायमानः प्रतिपालितश्च ।

व्यवहारेष्विति । व्यवहारेषु असाध्यानां साधयितुं गुणतो निर्णेतुमशक्यानां, छलव्यवहारित्वात् 'ईदृशं हृदयमेषामि'त्यसंप्रधारणीयहृदयानामित्यर्थः एतेन लोकविद्वेषसामग्रसिस्तोक्ता । लोके जने । अप्रतिरज्यतां वा उदासीनवृत्तिस्वीकारात् स्नेहमकुर्वतां च । वाशब्दश्चार्थे । चेत्येव वा पाठः । एतेन मित्रहीनत्वमुक्तम् । प्रभाते दृष्टदोषाणां दिवा कथञ्चित् परविज्ञातचर्याच्छलानाम् । अत एव वैरिणां शत्रूणां स्पष्टीभूतशत्रुभावानां पुंसां । रजनी रात्रिः । भयं प्राणभयहेतुः । छलव्यवहारिणो जनेष्वस्निग्धवृत्तयश्च पूरुषाः यदि कदाचिद् दिवा केनचिद् उपलब्धच्छलदोषाः स्युः, तान् स शत्रून् निश्चित्य रात्राववविज्ञातोऽवश्यं हन्यादित्याभिप्रायः ॥ ३ ॥

स्वामिवृत्तान्तं पृच्छति—**वसन्तके**ति । वसन्तक! स्वामिना सह कथितं ननु, स्वामिसभाषणं ते जातं किम् । मत्सन्देशः स्वामिने निवेदितः किमित्याशयः ।

आमेत्यादि । अवबद्धः कथयानुबद्धः । एवञ्च दीर्घक्षणलाभाद् भवत्सन्देशो विस्तरेण स्वामिने निवेदित इत्याशयः । चतुर्दशीं तिथिविशेषं प्रतिपालनक्रियात्यन्तसंयोगे द्वितीया । स्नायमानः ऐदम्पर्येण स्नायन् । अर्थात् स्वामी । 'ष्णै शौचे' इत्यस्माच्चानश् । प्रतिपालितश्च मयान्वासनेन प्रतीक्षितश्च ॥

स्नात इत्यादि । प्रश्नकाकुरत्र । इह स्नाने परं प्रश्नः कृतः । 'कौशाम्बीप्रयाणोपायं श्रुतवता किमुत्तरं प्रतिपन्नं स्वामिना' इति तु प्रश्नो न कृतो यौगन्धरायणेन, यतः स्ववशवर्ती स्वामी अङ्गीकारवचनातिरेकेण तत्र न किञ्चिद् विरुद्धमभिधास्यतीति तस्य विस्रम्भः । इति बोद्धव्यम् ॥

विदूषकः—(क) ह्णादो अत्तभवं ।

यौगन्धरायणः—कृतं देवकार्यम् ।

विदूषकः—(ख) आम भो ! पणाममत्तेण पूइदा देवदा ।

यौगन्धरायणः—एतामपि बहुमतामवस्थां प्राप्तः स्वामी । कुतः,

स्नातस्य यस्य समुपस्थितदैवतस्य पुण्याहघोषविरमे पटहा नदन्ति ।
तस्यैव कालविभवात् तिथिपूजनेषु दैवप्रणामचलिता निगलाः स्वनन्ति ॥ ४ ॥

रुमण्वान्—भवत इदानीं प्रयत्न उचितं तिथिसत्कारमानेष्यति स्वामिनः ।

यौगन्धरायणः—वसन्तक ! गच्छ भूयः स्वामिनं पश्य ; विज्ञाप्य-

(क) स्नातोऽत्रभवान् ।

(ख) आम भो ! प्रणाममात्रेण पूजिता देवताः ।

ह्णादो इत्यादि ॥

कृतमिति । देवकार्यं कृतं देवतापूजा कृता किम् ॥

आमेत्यादि । प्रणाममात्रेण नमस्कारेणैव, न तु पुष्पार्चनादिना ॥

एतामिति । बहुमतां विपत्कालेऽप्यनुवर्त्यमानतया लोकश्लाघिताम् । एतामपि वक्ष्यमाणगुणामपि । अवस्थां देवपूजनदशां प्राप्तः ।

स्नातस्येति स्नातस्य, समुपस्थितदैवतस्य स्नानोत्तरकाले पूजितदैवतस्य । यस्य स्वामिनः, पुण्याहघोषविरमे पूजाङ्गपुण्याहवाचनकर्मावसाने । पटहाः वाद्यविशेषाः । नदन्ति शब्दायन्ते । तस्यैव, तिथिपूजनेषु चतुर्दश्यादितिथिविशेषनिमित्तेषु देवपूजनेषु । कालविभवात् कालशक्त्या । निगलाः पादबद्धाः शृङ्खलाः । दैवप्रणामचलिताः सन्तः स्वनन्ति ॥ ४ ॥

भवत इति । भवतः प्रयत्नः, स्वामिनः, उचितं पुण्याहवाचनपटहवादनादिमङ्गलघोषानुयातं । तिथिसत्कारं तिथिनिमित्तं देवपूजनम् । इदानीम् आनेष्यति, अविलम्बं प्रतिप्रापयिष्यति । स्वामिनं बन्धनात् क्षिप्रं मोचयित्वेत्यार्थम् । इह इदानीमिति कालासन्नत्वं वदता रुमण्वता यौगन्धरायणनिर्णीतः स्वामिमोचनाभ्युपायस्य प्रकारो न केवलं, किन्तु प्रयोगकालोऽप्यवगत इति गम्यते ॥

अत एव रुमण्वद्वचनादुपजातत्वरः पूर्वसन्देशप्रेषणोत्तरकालनिर्धारितं सन्दिष्टार्थप्रयोगकालं स्वामिने निवेदयितुं वसन्तकं चोदयति—वसन्तक ! गच्छेत्यादि ।

तां च स्वामी—या सा प्रयाणं प्रतीह प्रस्तुता कथा, तस्याः श्वः प्रयोगकाल इति । कुतः, स्थानावगाह्यवसशय्याभागेष्वाश्रयेषूपन्यस्तौषधिव्याजो नलागिरिर्मन्त्रौषधिनियमसम्भृतः पुराणकर्मव्यामोहितः । अनुकूलमारुतमोक्तव्यः सज्जितो धूपः । रोषप्रतिकूलोऽस्य सज्जितः प्रतिगजमदः । शालासन्निकृष्टमल्पसाधनं गृहमादीपयितुमग्नित्रासितत्वाद् वारणानाम् । गजपतिचित्तोद्भ्रमणार्थं देवकुलेषु स्थापिताः शङ्खदुन्दुभयः। तेन नादेन सर्वसाधनपरिगतशरीरेणावश्यं श्वः प्रद्योतेन स्वामी शरणमुपगन्तव्यः । ततः स्वामिना शत्रोरनुमतेनैव बन्धनान्निष्क्रम्य सहव्यापन्नां घोषवतीं हस्तगतां कृत्वा नलागिरिः स्वाधीनः कर्तव्यः । ततो व्यवस्थितासनस्तदानीं स्वामी नलागिरौ,

---

भूयः पुनरपि । एतेन, वक्ष्यमाणकार्यशरीरमुद्दिश्य गमनं दर्शनं विज्ञापनं च वसन्तकेन सकृत् कृतपूर्वमिति प्रकाश्यते । विज्ञाप्यस्याकारमाह—प्रयाणं प्रति कौशाम्बीप्रस्थानं प्रति । या, सा सन्दिष्टपूर्वा । कथा उपायभाषा । इह भवत्समीपे । प्रस्तुता वसन्तकमुखेन प्रक्रान्ता । तस्याः प्रयोगकालः, श्वः अनन्तरभावी दिवसः इति । प्रयोगस्य त्वरणे किं कारणमित्याकाङ्क्षापूर्वं तदनुकूलसाधनसम्पत्संविधानानां करिष्यमाणत्वेन पूर्वं विज्ञापितानामिदानीं सिद्धत्वमेव कारणमित्यभिप्रायं सूचयंस्तेषां कृतत्वं विवृणोति—स्थानेत्यादिना । स्थानावगाह्यवसशय्याभागेषु स्थानभागो यत्र नलागिरिस्तिष्ठति, अवगाहभागो यत्र स्नाति, यवसभागो यत्र तृणादि ग्रसते, शय्याभागो यत्र शेते, तद्रूपेषु आश्रयेषु, उपन्यस्तैषधिव्याजः उपाक्षिप्तौषधिच्छलः। नलागिरिः नलागिरिनामा महासेनस्य प्रिय औपवाह्यो गजेन्द्रः । मन्त्रौषधिनियमसंभृतःमन्त्रौषध्योःनियमेन नियतकालप्रयोगेण संभृतः पुष्टः कृतविशेष इत्यर्थः । विशेषणफलमाह—'पुराणकर्मव्यामोहितः पुराणे अनूतने नित्ये कर्मणि व्यामोहितः सञ्जातेतिकर्तव्यतामौढ्यः। 'पुराणकर्मणि' इति क्वचिद् व्यस्त एव पाठः। रोषप्रतिकूलः रोषे सति तद्वृद्धिकरत्वाद् रुष्टं प्रत्यहितः । पिपासाप्रतिकूलं लवणमितिवत् प्रयोगः । शालासन्निकृष्टं गजशालाप्रत्यासन्नम् । अल्पसाधनम् अल्पभोग्यवस्तुकं । भोग्यवस्तुबहुत्वे बहुनाशः स्यादित्यत एतदुक्तं । आदीपयितुं वह्निना प्रज्वलयितुं । सज्जितमितीहापि संबन्धनीयं । वारणानां गजानां । शङ्खदुन्दुभयः शङ्खयुक्ता भेर्यः । उक्तसाधनसम्पदावश्यम्भाविनीं कार्यपरिपाटीमाह—सर्वसाध-

सेनाभिर्मनसानुबद्धजघनं कृत्वा जवे वारणं
सिंहानामसमाप्त एव विरुते त्यक्त्वा सविन्ध्यं वनम् ।
एकाहे व्यसने वने स्वनगरे गत्वा त्रिवर्णां दशां
येनैव द्विरदच्छलेन नियतस्तेनैव निर्वाह्यते ॥ ५ ॥

नपरिगतशरीरेण तेन नादेन अवश्यं श्वः प्रद्योतेन स्वामी शरणमुपगन्तव्यः, सर्वैः साधनैः पूर्वोक्तैर्मन्त्रौषधि-धूप-प्रतिगजमद-गजशालासन्नदहप्रदीपनरूपैर्मोहमदमत्स-रत्रासहेतुभूतैः परिगतशरीरेण परिवेष्टितात्मना अर्थात् संयुक्तेन तेन नादेन शङ्खदुन्दु-भिध्वानेन हेतुना, प्रद्योतेन अवश्यं श्वः स्वामी रक्षकत्वेन प्राप्तव्यः, यथोक्तनादज-नितनलागिरिचित्तक्षोभरूपानर्थप्रशमनाय प्रार्थयितव्य इति यावत् । ततः शरणी-करणानन्तरं । शत्रोरनुमतेनैव प्रद्योतस्याभ्यनुज्ञयैव । सहव्यापन्ना स्वामिना सह ग्रह-णविपत्तिं प्राप्ता । घोषवती वीणाविशेषम् । स्वाधीनः कर्तव्यः वीणागानेन वश्यः कार्यः ।

तत इति । वाक्यच्छेदोऽयं श्लोकान्वयी । स्वामी तदानीं यदा नलागिरिः स्वस्थीभूय वश्यतां गतः तस्मिन् समये । नलागिरौ, व्यवस्थितासनः दृढोपविष्टः सन् ।

सेनाभिरिति । वारणं नलागिरिं । जवे वेगे विषये । सेनाभिः महासेन-सैन्यैः अर्थात् प्रस्थितं स्वामिनमनुधाव्य जिघृक्षुभिः । मनसानुबद्धजघनं कृत्वा मनसैव न तु देहेनानुसृतपृष्ठं कृत्वा, यथा मनसा सङ्कल्पितमनुसरणं सद्यः कायेन कर्तुं यतमाना अपि सेनाः कथमपि पृष्ठं न लभेरन् , तथा वेगातिशययुक्तं कृत्वे-त्यभिप्रायः । सिंहानां गजारीणाम् अध्वमध्यमिलितविन्ध्यवनहरयानां । विरुते असमाप्ते एव सति प्रत्यवस्थानसंरम्भपूर्वरूपस्य गजदर्शनक्षणसमारब्धस्य नादस्य परिसमापनात् प्रागेवेत्यर्थः । सविन्ध्यं वनं त्यक्त्वा विन्ध्याद्रिसहितमरण्यम् अति-लङ्घ्य । एकाहे एकस्मिन्नेवाह्नि । व्यसने वने स्वनगरे शत्रुवरोधे अरण्ये कौशा-म्ब्यां च । त्रिवर्णां दशां गत्वा त्रिरूपां बन्धनावस्था, बहुयोजनायतवनलङ्घना-वस्था, स्वनगरप्राप्त्यवस्थेत्येवं त्रिप्रकाराम् अवस्थां, गजवेगवाहनप्रभावादासाद्य । येन द्विरदच्छलेन गजाश्रयेण छद्मना । एषः स्वामी नियतः पूर्वं यन्त्रितः । तेनैव द्विरदच्छलेन, निर्वाह्यते सम्प्रति कृतार्थ्यते, अर्थाद् बन्धनिष्क्रमणपूर्वकस्व-नगरप्राप्तिघटनया ॥ ५ ॥

इति ।

रुमण्वान्—वसन्तक ! किमिदानीं चिन्त्यते ।

विदूषकः—(क) एव्वं चिन्तेमि महन्तो खु भवदो पयत्तो विवज्जिस्सिदि त्ति ।

उभौ—न खलु वयं विज्ञातारः ।

विदूषकः—(ख) अहं पुठमं पच्छा भवन्तो ।

यौगन्धरायणः—अथ किंकृता कार्यविपत्तिः ।

विदूषकः—(ग) वच्छराअस्स अत्तकय्यदाए ।

(क) एवं चिन्तयामि महान् खलु भवतः प्रयत्नो विपत्स्यत इति ।

(ख) अहं प्रथमं पश्चाद् भवन्तौ ।

(ग) वत्सराजस्यात्मकार्यतया ।

इतिशब्दो विज्ञाप्यसमाप्तौ । पुनर्विज्ञाप्यप्रपञ्चसन्देशेन चानेन यः सामर्थ्यगम्यः पूर्वविज्ञापितस्यार्थस्याकारः, स एवैतदङ्कोपोद्घातेऽस्माभिः प्रदर्शितो वेदितव्यः ॥

यौगन्धरायणवाक्यश्रवणेन चिन्ताकुलतामिव जनितां वसन्तकस्यालक्ष्याह—वसन्तकेत्यादि । चिन्त्यत इत्यस्य स्थाने 'भवता विचार्यते' इति क्वचित् पाठः ॥

एव्वमित्यादि । विपत्स्यते विफलिष्यति ॥

नेत्यादि । विज्ञातारः अर्थात् प्रयत्नविपत्तिकारणम् ॥

अहमित्यादि । विज्ञातेति विपरिणतमिह संबन्धनीयम् । अहं प्रथमं विज्ञाता, पश्चाद् भवन्तौ मन्मुखेन विज्ञातारावित्यर्थः ॥

अथेत्यादि । किंकृता केन हेतुना कृता । कार्यविपत्तिः कार्यस्य स्वामिबन्धमोचनपूर्वककौशाम्बीप्रयाणरूपस्य विपत्तिः विघटना ॥

वच्छेति । वत्सराजस्य, आत्मकार्यतया आत्मनः आत्ममात्रस्य कार्यं यस्य सः आत्मकार्यः आत्ममात्रसंबन्धिन्यस्मदगोचरे कस्मिंश्चित् कार्ये व्यासक्त इत्यर्थः । तस्य भावस्तत्ता तया हेतुना । 'अण्णकय्यदाए' इति पाठे अन्यकार्यतयेति च्छाया । अन्यद् आत्ममोचनकौशाम्बीप्रयाणातिरिक्तं कार्यं यस्य तस्य भावस्तत्ता तयेत्यर्थः ॥

यौगन्धरायणः—कथमिव।

विदूषकः—(क) सुणह भवन्तो।

उभौ—अवहितौ स्वः।

विदूषकः—(ख) जा सा कालट्ठमी अदिक्कन्दा, तहिं तत्तहोदी वासवदत्ता णाम राअदारिआ धत्तीदुदीआ कण्णआदंसणं णिद्दोसं त्ति करिअ अवणीदकञ्चुआए सिविआए ओघट्टिदपणालीपस्सुदसालिलविसमं राअमग्गं परिहरिअ जं तं बन्धणदुवारस्स अग्गदो भअवदीए जक्खिणीए ट्ठाणं, तस्सिं देवकय्यं कत्तुं गआ आसी।

यौगन्धरायणः—ततस्ततः।

विदूषकः—(ग) तदो तत्तभवं तं दिअसं अब्भन्तरबन्धणपरिरक्खअं सिवअं णाम राअदासं अणुमाणिअ बन्धणदुवारे णिक्कन्तो।

(क) शृणुतां भवन्तौ।

(ख) या सा कालाष्टमी अतिक्रान्ता, तस्यां तत्रभवती वासवदत्ता नाम राजदारिका धात्रीद्वितीया कन्यकादर्शनं निर्दोषमिति कृत्वापनीतकञ्चुकायां शिबिकायामवघाट्टितप्रणालीप्रस्रुतसालिलविषमं राजमार्गं परिहृत्य यत्तद् बन्धनद्वारस्याग्रतो भगवत्या यक्षिण्याः स्थानं, तास्मिन् देवकार्यं कर्तुं गतासीत्।

(ग) ततस्तत्रभवान् तं दिवसमभ्यन्तरबन्धनपरिरक्षकं शिवकं नाम राजदासमनुमान्य बन्धनद्वारे निष्क्रान्तः।

कथमिवेत्यादयस्त्रयः संवादाः॥

जेत्यादि। कालाष्टमी कृष्णाष्टमी कालीभजने विशेषविहिता तिथिः। अपनीतकञ्चुकायां शिबिकायां याप्ययानविशेषे। शिबिकाया अपनीतकञ्चुकत्वोक्त्या तदुपविष्टवासवदत्तारूपवैभवस्य सम्यग्दर्शनसौकर्यमुक्तम्। अवघट्टितप्रणालीप्रस्रुतसलिलविषमम् अवघट्टितायाः अवरुद्धायाः प्रणाल्याः जलमार्गात् प्रस्रुतैः अभिष्यन्दमानैः सलिलैर्जलैर्विषमं दुर्गमं। यक्षिण्याः स्थानम् आलयः। जाक्खिणीए इत्यतः प्राग् 'अवन्तिसुन्दरीए' इत्याधिकं पठ्यते क्वचित्॥

तत इत्यादयस्त्रयः संवादाः। अभ्यन्तरबन्धनपरिरक्षकम् अन्तःकारागृहपालकम्॥

उभौ—ततस्ततः ।

विदूषकः—(क) तदो पुरुसक्खन्धपरिवट्टणट्ठिदाए सिविआए पकामं दिट्ठा सा राअदारिआ ।

यौगन्धरायणः—ततस्ततः ।

विदूषकः—(ख) किं तदो तदो त्ति । बन्धणं दाणिं पमदवणं सम्भाविअ पउत्तो राअळीळं कत्तुं ।

यौगन्धरायणः—न खलु तां प्रति समुत्पन्नाभिलाषः स्वामी ।

विदूषकः—(ग) भो! सङ्कआरिणो अणत्था त्ति ईदिसं एव्व ।

(क) ततः पुरुषस्कन्धपरिवर्तनस्थितायां शिबिकायां प्रकामं दृष्टा सा राजदारिका ।

(ख) किं ततस्तत इति । बन्धनमिदानीं प्रमदवनं संभाव्य प्रवृत्तो रागलीलां कर्तुम् ।

(ग) भोः! सङ्कचारिणोऽनर्था इतीदृशमेव ।

तदो इत्यादि । पुरुषस्कन्धपरिवर्तनास्थितायां सत्यां पुरुषाणां शिबिकावाहिनां स्कन्धपरिवर्तने श्रमपरिहारार्थांसविनिमयसमये स्थितायां निवृत्तगतौ सत्यां । प्रकामं दृष्टा यथाकाममवलोकिता । अर्थाद् वत्सराजेन । राजदारिका राजपुत्री ॥

ततस्तत इति ॥

किं तदो इति । ततस्तत इति किं ततस्तत इति पुनः पुनः प्रश्नो मास्तु, संक्षेपान्निवेदनीयशेषं निवेदयामीत्यर्थः । प्रमदवनं संभाव्य क्रीडोद्यानं मत्वा । रागलीलां कामचेष्टाम् ॥

पुंसः स्त्रीदर्शने सति वासनावशाद् रागः काममुद्बुध्यमानो लोके दृष्टः । सोऽस्मत्स्वामिनः अयन्तरविषयो भवन् कामं न दुष्यति; शत्रुपुत्रीविषयस्तु स जायमानोऽनर्थाय भवतीति मत्वा तस्य तद्विषयत्वाभावमात्मन इष्टं ज्ञातुं पृच्छति—न खल्वित्यादि । स्वामी, तां वासवदत्तां प्रति । समुत्पन्नाभिलाषो न खलु उपजातरागो न किम् । इह प्रश्नकाकुः ॥

सङ्केति । अनर्थाः सङ्कचारिणः अनर्थान्तरसहचराः । इति हेतोः । ईदृशमेव त्वच्छङ्कितप्रकारमेव वस्तु । अर्थात् तां प्रत्येव स उत्पन्नाभिलाषः संवृत्तः ।

यौगन्धरायणः—सखे ! रुमण्वन् ! स्थिरीक्रियतामात्मा । अनेनैव वेषेण जरा गन्तव्या ।

विदूषकः—(क) भो ! अहं च एदेण उत्तो—भणेहि जोअन्धराअणस्स जहसमात्थिदा समत्थणा ण रोअदे मे । समाणे गमणे पज्जोदस्स अवमाणविसेसो चिन्तीअदि । मा कामप्पधाण त्ति मं अवमण्णेहि । अवमाणस्स अवाजिदिं अण्णेसामि त्ति ।

यौगन्धरायणः—अहो शत्रुजनापहास्यमभिधानम् । अहो निरपत्रपता खलु बुद्धेः । अहो सुहृज्जनसन्तापकारणम् । अदेशकाले ललितं कामयते स्वामी । कुतः,

---

(क) भोः ! अहं चैतेनोक्तः—भण यौगन्धरायणाय यथासमर्थिता समर्थना न रोचते मे । समाने गमने प्रद्योतस्यावमानविशेषश्चिन्त्यते । मा कामप्रधान इति मामवमन्यस्व । अवमानस्यापचितिमन्वेषे इति ।

बन्धनमेकोऽनर्थः, कौशाम्बीप्रयाणादिबहुकार्यविघटकं शत्रुपुत्रीकामुकत्वमपरोऽनर्थ इत्यनर्थसङ्घचारित्वमिह बोद्धव्यम् ॥

सखे इत्यादि । अनेनैव वेषेण जरा गन्तव्या प्राप्तुं योग्या; न स्वेनं वेषं परित्यज्य स्वरूपेण । वेषो ह्ययं स्वामिनं कौशाम्बीमनीत्वा न त्यक्तव्यः, स्वामी च वासवदत्तायामासक्त उज्जयिनीं न हास्यतीत्यभिप्रायः ॥

भो इत्यादि । एतेन स्वामिना । यथासमर्थिता समर्थना त्वत्समार्थितप्रकारा कार्यसंप्रधारणा । मे मह्यं । न रोचते, नाहं बन्धनान्निष्क्रम्यैककः कौशाम्बीं गन्तुमिच्छामीत्यर्थः । किं तर्हि कर्तव्यमिच्छसीत्याकाङ्क्षायामाह--गमने मत्प्रयाणे । समाने त्वत्पक्षमत्पक्षयोस्तुल्ये सति । प्रद्योतस्य, अवमानविशेषः तत्कन्यापहरणरूपः । चिन्त्यते कार्यत्वेन मया विचार्यते । एवञ्च प्रद्योतकन्यया सहैव कौशाम्बीप्रयाणं ममेष्टमित्यभिप्रायः । एतच्च न कामपरतयेत्याह—मां, कामप्रधान इति कामवश्य इति मत्वा । मावमन्यस्व । कथं तर्हि मन्तव्योऽसीत्यपेक्षायामाह—अवमानस्य प्रद्योतप्रयुक्तस्य मद्बन्धनपरिभवस्य अपचितिं निष्क्रयम् । अन्वेषे तत्कन्यापहरणद्वारेणान्विच्छामि । इति मन्यस्वेति शेषः ॥

अहो इत्यादि । स्वामी, अदेशकाले अदेशे अकाले च । ललितं कामविलासं कामयते ।

शक्ता दर्पयितुं स्वहस्तरचिता भूमिः कटप्रच्छदा
पर्याप्तो निगलस्वनश्चरणयोः कन्दर्पमालम्बितुम् ।
कः श्रुत्वा न भवेद्धि मन्मथपटुः प्रत्यक्षतो बन्धने
रक्षार्थं परिगण्यमानपुरुषै राजेति शब्दापनम् ॥ ६ ॥

विदूषकः—(क) भो ! दंसिदो सिणेहो । णिव्विट्ठं पुरुसआरं । साहु उज्झिअ णं गच्छामो ।

यौगन्धरायणः—वसन्तको भवान् ननु । वसन्तक ! मा मैवम् ।

(क) भोः ! दर्शितः स्नेहः । निर्विष्टः पुरुषकारः । साधूज्झित्वैनं गच्छामः ।

शक्ता इति । स्वहस्तरचिता भक्तिमत्परिचारकविरहात् स्वहस्तेनैव संविहिता । कटप्रच्छदा तृणमयास्तरणा न तु राजार्हदुकूलहंसतूलशयनाद्यास्तरणा । भूमिः उपवेशसंवेशदेशः । दर्पयितुं मदयितुम् अर्थाद् स्वामिजातीयं पुरुषं । शक्ता समर्थेति काकुः । वस्तुतोऽशक्तापि असदभाग्याच्छक्ता जातेत्याभिप्रायः । चरणयोः निगलस्वनः, कन्दर्पम् आलम्बितुं काममालम्बयितुं । पर्याप्तः शक्तः । पूर्ववदिह काकुश्चाभिप्रायश्च । बन्धने कारागृहे रक्षार्थं परिगण्यमानपुरुषैः परिगण्यमानैः पुरुषैः, निगलितजनरक्षणकर्मनियुक्तैः परिमितैः प्रद्योतदासैरित्यर्थः । राजेति, शब्दापनं व्रीडावहम् आह्वानं । प्रत्यक्षतः श्रुत्वा साक्षादाकर्ण्य । को हि, निगलितः पुमानित्यार्थम् । मन्मथपटुः मन्मथः स्त्रीविषयं चापलं तस्मिन् पटुः व्यग्रः । न भवेत् सर्वोऽपि भवेदित्युपहासेऽत्र काकुः । वस्तुतो न कोऽपि भवेदिति लोकरश्मितावसमदभाग्यात् स्वामी तथाविधो भवतीत्याश्चर्यमिति भावः ।

भो इत्यादि । भो इति विषादे । स्नेहः स्वामिभक्तिः । दर्शितः अर्थात्स्माभिः । पुरुषकारः निर्विष्टः प्रयत्नो यावच्छक्ति कृतः । स्वामिविषयेऽस्माकं कर्तव्यं न किञ्चिदवशिष्यते इत्यर्थः । कृतस्य स्वामिदोषेण वैफल्यं कर्तव्यस्य चानवशेषणं मन्यमान आह—साधु एनम् उज्झित्वा गच्छामः, इतः परं अविधेयं स्वामिनं परित्यज्य गमनमेवास्माकं युक्तमित्यर्थः ॥

लोकोत्तरभक्त्यौदार्यसदृशमाह—वसन्तक इत्यादि । वसन्तको ननु स्वाम्यातिभक्तो न किम् । इह वसन्तकपदं स्वाम्यतिभक्ते लाक्षणिकम् । मा मा एवं, वादीरिति शेषः ।

परित्यजाम सन्तप्तं दुःखेन मदनेन च ।
सुहृज्जनमुपाश्रित्य यः कालं नावबुध्यते ॥ ७ ॥

विदूषकः—(क) एव्वं एव्व जरं गमिस्सामो ।

यौगन्धरायणः—तन्नु श्लाघ्यम् ।

विदूषकः—(ख) सिळाघणीओ भवे, जदि ळोओ जाणादि ।

यौगन्धरायणः—न नः कार्यं लोकेन, स्वामिप्रियार्थोऽयमारम्भः ।

विदूषकः—(ग) सो वि दाव ण जाणादि ।

यौगन्धरायणः—काले ज्ञास्यति ।

विदूषकः—(घ) कदमो दाणि सो काळो ।

(क) एवमेव जरां गमिष्यामः ।

(ख) श्लाघनीयं भवेद्, यदि लोको जानाति ।

(ग) सोऽपि तावन्न जानाति ।

(घ) कतम इदानीं स कालः ।

परीति । दुःखेन बन्धनव्यसनेन । मदनेन मन्मथेन च । सन्तप्तं, स्वामिनं । परित्यजाम, इह काक्वा न परित्यजामेत्यर्थः । सन्तप्तस्य सन्तापप्रशमने विधेये परित्यागं कथं शङ्कस इत्याभिप्रायः । सन्तापस्योन्मूर्च्छितत्वं व्यङ्क्तुं तत्कार्यमाह—यः, सुहृज्जनमुपाश्रित्य कालं नावबुध्यते, सुहृज्जनवाक्यमनुसृत्य कालानुगुणं कर्म कर्तुं न जानाति, अर्थात् सन्तप्तत्वादेव ॥ ७ ॥

स्वाम्युपेक्षापक्षे प्रतिक्षिप्ते पूर्वं यौगन्धरायणेनोक्तं पक्षं तद्दूष्यर्थमाह—एव्वमित्यादि । एवम् अनेनैव वेषेण ॥

तदित्यादि । तत् एवंजरागमनम् ॥

सिळाघेत्यादि । यदि जानाति, अर्थाज्जरागमनम् । प्राकृते लिङ्गाद्यानियमः ॥

नेत्यादि । आरम्भः अस्माकं प्रयत्नः स्वामिप्रियार्थः, न तु लोकप्रीत्यर्थः ॥

सो वीत्यादि । सोऽपि स्वाम्यपि ॥

काल इति । काले समये ज्ञास्यति, अर्थात् स्वामी ॥

कदमो इत्यादि ॥

यौगन्धरायणः—यदेयमारम्भसिद्धिः ।

विदूषकः—(क) तदो तादिसो भवं बन्धणादो राआणं अन्तेउरादो राअदारिअं उभे णिय्यादेदु ।

रुमण्वान्—इह भवता द्रष्टव्यम् ।

यौगन्धरायणः—उभयमिति । बाढम् । इयं द्वितीया प्रतिज्ञा—

सुभद्रामिव गाण्डीवी नागः पद्मलतामिव ।
यदि तां न हरेद् राजा नास्मि यौगन्धरायणः ॥ ८ ॥

अपि च,

यदि तां चैव तं चैव तां चैवायतलोचनाम् ।
नाहरामि नृपं चैव नास्मि यौगन्धरायणः ॥ ९ ॥

(क) ततस्तादृशो भवान् बन्धनाद्राजानमन्तःपुराद्राजदारिकामुभे निर्यातयतु ।

यदेत्यादि । आरम्भसिद्धिः स्वामिकौशाम्बीप्रापणप्रयत्नस्य फलप्राप्तिः । एतेन, स्वामिन्धविधेयेऽपि स्वप्रयत्नस्य यावत्फलोदयमनुवर्तननिर्बन्धः सूचितः ॥

तदो इत्यादि । तादृशः स्वप्रयत्नफलदर्शनाभिनिवेशी । निर्यातयतु हरतु । एवं हि द्वावपि युवां धन्यौ भविष्यथ इति भावः ॥

इहेति । इह वसन्तकोपन्यस्तेऽर्थे । भवता, द्रष्टव्यं विमर्शनीयं न तूदासितव्यमित्यर्थः ॥

उभयमिति । उभयमिति कार्यद्वयं साधनीयमिति । युवां मन्येथे इति शेषः । बाढं युष्मन्मतमङ्गीकरोमि । प्रत्ययदार्ढ्यार्थमाह—इयं वक्ष्यमाणा । द्वितीया प्रतिज्ञा ।

सुभद्रामिति । सुभद्रां गाण्डीवीव श्रीकृष्णभगिनीम् अर्जुन इव । पद्मलतां नाग इव नलिनवल्लीं गज इव । राजा, तां वासवदत्तां । यदि न हरेत् , अहं यौगन्धरायणो नास्मि न भवामि ॥ ८ ॥

प्रतिज्ञासमष्टिमाह—यदीति । तां चैव घोषवतीं च । तं चैव नलागिरिं च । आयतलोचनां तां चैव वासवदत्तां च नृपं चैव वत्सराजं च । नाहरामि यदि प्रद्योतसकाशादाहृत्य कौशाम्बीं न प्रापयामि चेदित्यर्थः । तर्हि, यौगन्धराय-

(कर्णं दत्त्वा) अये शब्द इव । ज्ञायतां शब्दः ।

विदूषकः—(क) भो ! तह । (निष्क्रम्य प्रविश्य) भो ! पडिउत्त-दिवसविस्सम्मेण अविरळं सञ्चरन्तो जणो दीसइ । किं दाणि करह्म ।

रुमण्वान्—तेन हि चतुर्द्वारमग्निगृहं, भिद्यतां नः सङ्घातः ।

यौगन्धरायणः—न न । अभिन्नो नः सङ्घातः । भिद्यतामारिसङ्घातः । स्वकार्यमनुष्ठीयताम् ।

उभौ—(ख) तह । (निष्क्रान्तौ ।)

(क) भोस्तथा । भोः ! परिवृत्तदिवसविस्रम्भेणाविरलं सञ्चरन् जनो दृश्यते । किमिदानीं कुर्मः ।

(ख) तथा ।

णो नास्मि । यद्यपि भद्रवत्याख्याया वासवदत्तादिव्यहस्तिन्या एव हरणं वस्तुतो घटिष्यते, तथापि तच्चिन्ताया इदानीमनुपास्थितत्वादुपस्थितनलागिरिहरणं प्रतिज्ञातं, पश्चात् तु वासवदत्ताहरणं प्रत्यानुगुण्यातिशयं पर्यालोच्य तदौपवाह्यभूताया भद्रवत्या विनियोगः संप्रधारितोऽनुष्ठितश्चेति न कोऽपि दोषः । तमित्यस्य स्थाने तामिति स्त्रीलिङ्गपाठः क्वचिदुपलभ्यते, तदा तु, वासवदत्ताहरणाभिसन्ध्युदयक्षण एव भद्रवतीविनियोगानुगुण्यमौचित्याद् बुद्धयारूढमिति कल्पनया 'तां भद्रवतीम्' इति व्याख्येयम् ॥ ९ ॥

अये इत्यादि ॥

भो इत्यादि । परिवृत्तदिवसविस्रम्भेण परिवृत्तः प्राच्याः प्रतीच्यभिमुखं निवृत्तः यो दिवसः अपराह्ण इत्यर्थः, तस्मिन् विस्रम्भाद् आतपोष्मशान्तिनिमित्तात् मार्गसञ्चारयोग्यत्वप्रणयात् ॥

तेन हीत्यादि । चतुर्द्वारमित्येकैकस्यैकैकेन द्वारेण निर्गमनसौकर्यमुक्तम् । भिद्यतां नः सङ्घातः, अस्माकं समवायो विश्लिष्यतु ॥

भिद्यतामित्यस्य 'ऐकमत्यभङ्गं प्राप्नोतु'त्येवंविधमर्थं विदग्धभङ्ग्या गृहीत्वा सचमत्कारमाह—**नेति** । न न, भिद्यतामित्यनेन सह नञोः प्रत्येकं संबन्धः न भिद्यतां न भिद्यतामित्यर्थः । स्वकार्यम् अग्निगृहान्निष्क्रमणं स्वामिसविधे मन्त्रार्थनिश्चयनिवेदनमित्येवञ्जातीयम् । स्वकार्यमनुष्ठीयतामिति क्वचिन्न पठ्यते ॥

तहेति । उभावित्यादि क्वचिन्न पठ्यते । तत्तु अपेक्षितमेव ॥

उन्मत्तकः—ही ही चन्दं गिळदि ळाहू। मुञ्च मुञ्च चन्दं। यदि ण मुञ्चेशि, मुहं दे पाडिअ मुञ्चावइस्सं। एशे एशे दुट्ठअश्शे परिब्भट्टे आअच्छदि। एशे एशे चउप्पहवीहिआअं। जाव णं आळुहिअ बळिं भक्खिस्सं। एशे एशे दाळअभट्टा। मं ताळेह। माखु माखु मं ताळेह। किं भणाशि—अह्माणं किं पि णच्चेहि त्ति। दक्खह दक्खह दाळअभट्टा! एशे दाळअभट्टा! पुणो वि मं ताळेह इट्ठिआहि। माखु माखु ताळेह। तेण हि अहं पि तुह्मे ताळेमि।

(निष्क्रान्तः।)

तृतीयोऽङ्कः।

ही ही चन्द्रं गिरति राहुः। मुञ्च मुञ्च चन्द्रम्। यदि न मुञ्चसि, मुखं ते पाटयित्वा मोचयिष्यामि। एष एष दुष्टाश्वः परिभ्रष्ट आगच्छति। एष एष चतुष्पथवीथिकायाम्। यावदेनमारुह्य बलिं भक्षयिष्यामि। एते एते दारकभर्तारः! मां ताडयथ। माखलु माखलु मां ताडयत। किं भणथ—अस्माकं किमपि नृत्येति। पश्यत पश्यत दारकभर्तारः!। एते दारकभर्तारः! पुनरपि मां ताडयथ यष्टिभिः। माखलु माखलु ताडयत। तेन ह्यहमपि युष्मान् ताडयामि।

सहाययोर्निष्क्रान्तयोः स्ववेषसदृशं प्राग्वद् व्यवहरति—हीहीति। मुञ्चावइस्समित्यन्तस्य बाह्योऽर्थः स्पष्टः। राहुः प्रद्योतः चन्द्रं वत्सराजं गिरति परिभवति। हे प्रद्योत! वत्सराजं मुञ्च मुञ्च। तं न मुञ्चसि चेत्, त्वां हत्वा तं मोचयिष्यामीत्याभ्यन्तरः।

एशे इति। एष एष दुष्टाश्वः, परिभ्रष्टः बन्धनप्रच्युतः, आगच्छति। एष एषः चतुष्पथवीथिकायां, सन्निहित इति शेषः। एनं सन्निहितं दुष्टाश्वमेव, आरुह्य, बलिं भिक्षां। भक्षयिष्यामि। इति बाह्योऽर्थः। एष दुष्टः प्रद्योतः छलप्रयोक्तृत्वात् सन्मार्गभ्रष्टो मामुद्दिश्य प्रत्यवतिष्ठते। एषोऽहं, चतुष्पथवीथिकायां चतुष्पथवीथिकावत् कञ्चिदपि प्रति स्वत्वमपारिणीतत्वादप्राप्तायाम् अर्थात् तत्कन्यायां वासवदत्तायां विषये। एनं प्रद्योतम्। आरुह्य न्यक्कृत्य वासवदत्ताहरणेन परि-

भूय। बलिम् उपहारवत् प्रियं स्वामिकौशाम्बीप्रयाणं। भक्षयिष्यामि साधयिष्यामि इत्याभ्यन्तरः।

अथ वीथिचरैर्बालकैरारब्धमात्मखलीकारचापलमसहमानस्योक्तिः---एशे एशे दाळअभट्टा इत्यादि। दारकभर्तारः बालाः स्वामिनः। अस्माकं, किमपि नृत्येति किं भणथ, किञ्चिन्नर्तनं नः प्रदर्शयेति किं ब्रूथ। पश्यत पश्यत, अर्थाद् युष्मत्परितोषाय मया करिष्यमाणं नर्तनम्॥

निष्क्रान्त इति तृतीयाङ्कपरिसमाप्तिः।

तृतीयोऽङ्कः।

अथ चतुर्थोऽङ्कः ।

(ततः प्रविशति भटः ।)

भटः—को काळो अहं भट्टिदारिआए वासवदत्ताए उदए कीळिदुकामाए भद्दवदीपरिचारअं गत्तसेवअं ण पेक्खामि। भाव पुप्फदन्तअ !

कः कालोऽहं भर्तृदारिकाया वासवदत्ताया उदके क्रीडितुकामाया भद्रवतीपरिचारकं गात्रसेवकं न प्रेक्षे। भाव पुष्पदन्तक ! गात्रसेवकं न प्रे-

---

अथ चतुर्थोऽङ्कः ।

अथ यथोक्तमन्त्रनिश्चयानुरोधेन वत्सराजस्य वासवदत्तया सह भद्रवतीमधिरुह्य कौशाम्बीप्रयाणं, प्रस्थितवत्सराजानुधावनोद्यतानां प्रद्योतसैन्यानां यौगन्धरायणेन यथासङ्केतनिर्धावितोपसृतनिजगूढभटशतसहायेन समारब्धयुद्धेन प्रतिरोधनं, यौगन्धरायणस्यायुधविपत्त्या शत्रुग्रहणप्राप्तिः, स्वमनोरथासिद्धिसन्तुष्टस्य न्याय्यधीरोदारचतुरभाषिणो यौगन्धरायणस्य तं प्रत्यपराधानुद्भावयतो भरतरोहकस्य च चित्रः संवादः, प्रद्योतेन स्वदुहितृवत्सराजयोर्गान्धर्वविवाहं निर्वृत्तं मत्वा तयोश्चित्रफलकस्थयोर्विवाहविध्यनुष्ठापनं यौगन्धरायणाय च पारितोषिकभृङ्गारदानसत्कार इत्येतावदर्थजातं चतुर्थेऽङ्के वस्तु ।

तत्र वासवदत्तायाः स्वजनं परित्यज्य वत्सराजानुयानं प्रत्यनुकूलतायां कारणं वत्सराजगोचरा परमानुरक्तिः । सा कथं तस्याः प्ररूढेत्याकाङ्क्षायां तदुपपादकं कौशाम्बीप्रयाणपूर्ववृत्तं किमपि निरूपणीयम् । तत् पुनरीदृशं भवति—यत्तद् वत्सराजबन्धमोचनं कौशाम्बीप्रयाणमिति साध्यद्वयं, तत्रोत्तरं वासवदत्ताहरणसौकर्यकालप्रतीक्षयानागतार्थं प्रकल्प्य बन्धमोचनमात्रं यथानिश्चिते काले नलागिरेश्चित्तोद्भ्रान्त्युत्पादनयुक्त्या साधितम्। तदस्वास्थ्यपरिहरणपरमोपकारिणं च वत्सराजं कृतज्ञत्वात् प्रद्योतः पुनर्बन्धनमनीत्वैव स्वगृहेऽवरोध; परितुष्टश्च तं गान्धर्वविद्यापारगं वीणाभ्यासव्यसनिन्याः स्वसुतायास्तदुपदेशदेशिकमग्निसाक्षिकं चकार । अथानुवर्तमाने वीणोपदेशे वासवदत्ताया वत्सराजेऽनुरागस्तावत् तद्वपुर्गुणसौभाग्यसाक्षात्कारादङ्कुरितः पूर्वानुरागिणा तेन सहानवरतसन्निकर्षात् परिचयप्रचयाद् गुरुशिष्यभावविस्रम्भनित्यसुलभाद् विविक्तावस्थानाद् अङ्गारवत्यानुकूल्याच्च परां कोटिमधिरूढः । तयोर्निर्वृत्तगान्धर्वविवाहयोर्गतेषु कतिपयेष्वहोरात्रेषु

गत्तसेवअं ण पेक्खसि। किं भणासि—एसो गत्तसेवओ कण्डिलसुण्डिगिणीए गेहं पविसिअ सुरं पिबदि त्ति। गच्छदु भावो। (परिक्रम्य) इदं कण्डिळसुण्डिगिणीए गेहं। जाव णं सद्दावेमि। भो गत्तसेवअ! गत्तसेवअ!।

क्षसे। किं भणसि—एष गात्रसेवकः कण्डिलशौण्डिक्या गेहं प्रविश्य सुरां पिबतीति। गच्छतु भावः। इदं कण्डिलशौण्डिक्या गेहम्। यावदेनं शब्दापयामि। भो गात्रसेवक! गात्रसेवक!।

वत्सराजो वासवदत्तया सह कौशाम्बीं प्रयातुं तदनुमतेन कमपि दिवसं निर्दिदेश; भद्रवतीं च नलागिर्यन्यूनबलवेगां स्वायत्तत्वात् प्रयाणे वाहनीकरणीयां निश्चिकाय; तच्चैतदात्मनोऽध्यवसायरहस्यं वसन्तकद्वारेण यौगन्धरायणं पुरगोपुररक्षिपुरुषानुकूल्यसंविधानदक्षं ग्राहयामासेति। तदिदं सवासवदत्तवत्सराजनिर्गमोक्तिसामर्थ्याद्, "यद्येवं नलागिरिग्रहणार्थं विमुक्तश्चेत्, न पुनर्बद्धस्ते स्वामी" "यदग्निसाक्षिकं महासेनस्य दुहितरं शिष्यां प्रतिगृह्यादत्तापनयनं कृतम्" इत्येवमादिवक्ष्यमाणभरतरोहकादिवाक्यसामर्थ्याच्च गम्यमित्यतो वासवदत्तावत्सराजयोः प्रयाणदिवसवृत्तमेवेदानीं प्रस्तूयते।

आदौ प्रवेशकं रचयितुं भटं प्रवेशयति—तत इत्यादि। भटोऽयं वासवदत्ताया उदकक्रीडास्थानगमनार्थं भद्रवतीं प्रवेशयितव्यां बोधयितुं स्वाध्यक्षनियोगाद् गात्रसेवकं नाम भद्रवतीपरिचारकं प्रातरन्विष्यन् कश्चित् कन्यापुरपुरुषः। गात्रसेवकस्तु भद्रवतीपरिचारकवेषवृत्तिच्छन्नस्वरूपो यौगन्धरायणसुहृत् वत्सराजभक्तः। स यथानिश्चितं प्रयाणं नक्तमेव यथा वत्सराजेन कृतमभवत् तथा भद्रवतीं वासवदत्तागृहद्वारे नक्तमेव वत्सराजवचनाद् गुप्तं सन्निधाप्य स्वामिकार्यसिद्धिगर्वात् प्रातः पानानन्दमनुभवंस्तत इत आहिण्डते। भटेन कथञ्चिदुपलभ्य ग्राहितार्थश्चासौ धीरं चोद्धतं च सावधीरणं च सोपहासं च किमपि किमपि सत्यासत्योन्मिश्रं भाषमाणः सवासवदत्तवत्सराजरात्रिनिष्क्रमणवार्तायां कैश्चित् क्षणैः सर्वतः प्रसृतायां सद्यो वत्सराजमनुधावितुं संवर्म्य प्रतिष्ठमानैः प्रद्योतयोधैः सह यौगन्धरायणस्य यथासङ्केतनिर्धावितोपसृतसुहृज्जनसहायस्य युद्धे प्रवृत्ते, स्वयमपि विवृतस्वरूपस्तत्सहायत्वं प्रतिपद्यते। सोऽयमर्थः प्रवेशकग्रन्थादवसीयते॥

को काळो इत्यादि। कः कालः कियान् समयः। यापित इति शेषः। केन व्यापारेण यापित इत्यपेक्षायां गात्रसेवकान्वेषणेनेत्याह—गात्रसेवकं न प्रेक्षे

(नेपथ्ये)

(क) को दाणिं एसो एत्थ राअमग्गो गत्तसेवअ! गत्तसेवअ! त्ति मं सद्दावेदि।

भटः—(ख) एसो गत्तसेवओ सुरं पिबिअ पिबिअ हसिअ हसिअ मदिअ मदिअ जावापुप्फं विअ रत्तळो अणो इदो एव्व आअच्छादि। एदस्स पुरदो ण चिट्ठिस्सं। (निवृत्य स्थितः।)

(ततः प्रविशति यथानिर्दिष्टो गात्रसेवकः।)

गात्रसेवकः....(ग) को दाणिं एसो एत्थ राअमग्गो गत्तसेवअ! गत्तसेवअ! त्ति मं सद्दावेदि। पाणागारादो णिक्कन्तो दिट्ठ ह्मि मम ससुरेण

(क) क इदानीमेषोऽत्र राजमार्गे गात्रसेवक! गात्रसेवकेति मां शब्दापयति।

(ख) एष गात्रसेवकः सुरां पीत्वा पीत्वा हसित्वा हसित्वा मदित्वा मदित्वा जपापुष्पमिव रक्तलोचन इत एवागच्छति। एतस्य पुरतो न स्थास्यामि।

(ग) क इदानीमेषोऽत्र राजमार्गे गात्रसेवक। गात्रसेवक! इति मां शब्दापयति। पानागारान्निष्क्रान्तो दृष्टोऽस्मि मम श्वशुरेण सुरुष्टेन। अमृत-

---

इति। अप्रेक्षणेन चेहान्वेषणं लक्ष्यते। कण्डिलशौण्डिक्याः कण्डिलायाः मद्यायाः मद्यविक्रयिण्याः। शुण्डा मद्यं पण्यमस्या इति शौण्डिकी, 'तदस्य पण्यम्' इति ठक्॥

को दाणिं इत्यादि। शब्दापयति आह्वयति॥

एसो इत्यादि। रक्तलोचन इति लोचनपदार्थस्य जपापुष्परूपोपमानसापेक्षत्वेऽपि गमकत्वात् समासः। एतस्य पुरतो न स्थास्यामि, प्रत्यग्रमदवेगवैकृतश्रमयेऽस्मिन् यदि पुरस्तिष्ठेयं, वागादिना किमपि परुषं चेष्टेतेत्याशयः॥

तत इत्यादि॥

को दाणिमित्यादयः मन्दोन्मूर्च्छनसदृशाः प्रलापाः। सुरुष्टेन सुष्ठु कुपितेन। घृतमरिचलवणरूषितं मांसखण्डम् अमृतमल्लकेन मुखे प्रक्षिप्तं च, घृतमरिचलवणैः रूषितं गुण्ठितम् उपस्कृतं, मांसखण्डम् उपदंशभूतम्, अमृतमल्लकेन अमृतमिवामृ-

सुरुङ्गेण । अमुदअमल्लअएण धिदमरिअलाणरूशिदे मंशखण्डे मुहे पक्खित्ते अ । णुसा रज्जइ पीदा जइ । अत्ता णं दण्डुज्जुआ होइ ।

धण्णा सुराहि मत्ता धण्णा सुराहि अणुलित्ता ।
धण्णा सुराहि ह्णादा धण्णा सुराहि संज्ञविदा ॥ २ ॥

अधण्णा अत्तणो पुत्तदाराणं कट्ठं पिट्ठं सुणन्ता जे मूढा णरा सुसमिद्धा सुरातटाअं ण जोजअंति । तो जाणे जमलोए वा णरअं अत्थि ण त्थि अ ।

मल्लकेन घृतमरिचलवणरूषितो मांसखण्डो मुखे प्रक्षिप्तश्च । स्नुषा रज्यति पीता यदि । श्वश्रूर्ननु दण्डोद्यता भवति ।

धन्याः सुराभिर्मत्ता धन्याः सुराभिरनुलिप्ताः ।
धन्याः सुराभिः स्नाता धन्या सुराभिः संज्ञपिताः ॥

अधन्या आत्मनः पुत्रदाराणां कष्टं पिष्टं श्रृण्वन्तो ये मूढा नराः सुसमृद्धाः सुरातटाकं न योजयन्ति । ततो जाने यमलोके वा नरकोऽस्ति नास्ति च ।

तं माधुर्यातिशयान्मद्यं तत्पूर्णेन मल्लकेन पात्रेण सह । मुखे प्रक्षिप्तश्च निवेशितश्च । स्नुषेति । स्नुषा पुत्रभार्या । पीता यदि कृतमद्यपाना चेद्, रज्यति श्वशुरे रागवती भवेद्, गम्यागम्यपुरुषविवेकस्य मधुमदेन निमीलनादिति भावः । तदेतन्न सुघटं श्वश्रूप्रातिकूल्यादित्याह—श्वश्रूः, दण्डोद्यता श्वशुरकामां स्नुषां दमयितुमुद्यतदण्डा । ननु भवति भवत्येवेत्यर्थः । 'णं' इत्यस्य स्थाने 'ण' इति पाठः । दण्डोद्यता यदि न भवति श्वश्रूः, तर्हि स्नुषा पीता रज्यतीति तदा व्याख्येयम् ।

धण्णा इत्यादि । संज्ञपिताः अतिपानवशान्मारिताः । इह सुरालेपनस्नानाद्युक्त्या तस्यां लालसातिशय उक्तः ॥ २ ॥

अधण्णा इति । अधन्याः अकृतार्थाः भवन्ति, अर्थात् ते । के इत्यपेक्षायामाह—मूढाः धनविनियोगसमुचितस्थानानभिज्ञाः । ये नराः, पुत्रदाराणां पुत्रकलत्राणां । पिष्टम् अप्रतिनवं नित्यानुभूतामित्यर्थः । कष्टं दुःखं श्रृण्वन्तः सन्तः, सुसमृद्धाः सुष्ठु स्फीतधनाश्च सन्तः । सुरातटाकं न योजयन्ति नोत्पादयन्ति, अर्थात् पुत्रदारविषयकष्टसंवित्तिपरिमोषकाय मधुपानाद्युत्सवाय । पुत्रदाराविषयकष्टानुभवादन्या यातना यमलोकेऽप्यस्ति न वेति सन्देह इत्याह—तो इति । ततः पुत्रदारविषयकष्टं विहाय । ल्यब्लोपे पञ्चमी । नरकः दुःखं । यमलोके अस्ति नास्ति च इति

भटः—(उपसृत्य) (क) भो गत्तसेवअ ! को काळो तुमं अण्णेसामि । भट्टिदारिआए वासवदत्ताए उदए कीळिदुकामाए भद्दवदी ण दिस्सदि । तुमं दाव मत्तो एत्थ आहिण्डासि ।

गात्रसेवकः—(ख) जुज्जइ । सा अ णं मत्ता, सो पुरुसो वि मत्तो, अहं वि मत्तो, तुमं वि मत्तो, सव्वं मत्तसमं होइ ।

भटः—(ग) सव्वं दाव चिट्ठदु । राअउळे भद्दपीठिअं णणिक्कमिअ कुदो अअं आहिण्डदि त्ति ।

(क) भो गात्रसेवक ! कः कालस्त्वामन्वेषे । भर्तृदारिकाया वासवदत्ताया उदके क्रीडितुकामाया भद्रवती न दृश्यते । त्वं तावन्मत्तोऽत्राहिण्डसे ।

(ख) युज्यते । सा च ननु मत्ता, स पुरुषोऽपि मत्तोऽहमपि मत्तः, त्वमपि मत्तः, सर्वं मत्तसमं भवति ।

(ग) सर्वं तावत् तिष्ठतु । राजकुले भद्रपीठिकां ननिष्क्राम्य कुतोऽयमाहिण्डत इति ।

जाने, अस्ति नास्ति वेति मम सन्देह इत्यर्थः, सत्त्वासत्त्वोभयकोटिकस्य ज्ञानस्य सन्देहात्मकत्वात् । 'अत्थि अ णत्थि अ' इति क्वचित् पाठः । वाशब्दो वाक्यपूरणार्थः सन्देहद्योतक एव वा । ''ततस्तदा तो'' इति षड्भाषासूत्रात् ततश्शब्दस्य तो आदेशः ॥

भो गत्तेत्यादि । भद्रवती वासवदत्तावाहनभूता हस्तिनी । न दृश्यते त्वदप्रवेशितत्वाद् वासवदत्तागृहे नोपलभ्यते । आहिण्डसे परिभ्रमसि ॥

जुज्जइ इत्यादि । 'सा अ णं' इत्यस्य स्थाने 'हत्थिणी' इति क्वचित् पाठः । साधिक्षेपेऽप्यस्मिन् मत्तप्रलापे 'सर्वं मत्तसमं भवति' इत्यंशेन कार्यार्थमहं मत्तभावमभिनयामि केवलं, न त्वहं वस्तुतो मत्त इति वस्तुतत्वं सूच्यते ॥

सव्वमित्यादि । भद्रपीठिकां भद्रवतीं । भद्रवत्येव वासवदत्तोपवेशाधारत्वाद् भद्रपीठिकेति व्यपदिश्यते । ननिष्क्राम्य अप्रवेश्येत्यर्थः । इतिशब्दानन्तरं राजकुलाधिकृताः पृच्छन्तीति शेषः । 'भद्दपीठिआ ण णिक्कमदि । कुदो अअं पिबादित्ति' इति क्वचित् पाठः ॥

गात्रसेवकः—(क) इदो आहिण्डामि, एत्थ पिबामि, एदेण पिबामि, मा संरम्भेण । किं करीअदु ।

भटः—(ख) हिज्जउ असम्बन्धप्पळावो । सिग्घं भद्दवादिं पवेसेहि ।

गात्रसेवकः—(ग) पविसदु पविसदु भद्दवदी । अंघो मए भद्दवदीए अङ्कुसं आढत्तं ।

भटः—(घ) सभावविणीदाए भद्दवदीए अङ्कुसेण किं कय्यं । गच्छ, सिग्घं भद्दवादिं पवेसेहि ।

गात्रसेवकः—(ङ) पविसदु पविसदु भद्दवदी । अंघो मए भद्दवदीए खुरप्पमाळा आढत्ता ।

(क) इत आहिण्डे, अत्र पिबामि, एतेन पिबामि, मा संरम्भेण । किं क्रियताम् ।

(ख) भवत्वसम्बन्धप्रलापः । शीघ्रं भद्रवतीं प्रवेशय ।

(ग) प्रविशतु प्रविशतु भद्रवती । अङ्घो मया भद्रवत्या अङ्कुशमाहितम् ।

(घ) स्वभावविनीताया भद्रवत्या अङ्कुशेन किं कार्यम् । गच्छ, शीघ्रं भद्रवतीं प्रवेशय ।

(ङ) प्रविशतु प्रविशतु भद्रवती । अङ्घो मया भद्रवत्याः क्षुरप्रमालाहिता ।

सावज्ञमाह—इदो इत्यादि । मा संरम्भेण कोपेन साध्यं नास्तीत्यर्थः ॥

हिज्जउ इत्यादि । प्रवेशय अर्थाद् वासवदत्तागृहे ॥

पविसदु इत्यादि । प्रविशतु स्वयमेव प्रवेशं करोतु, न तु तामहं प्रवेशयानीत्यर्थः । तत्र कारणमाह—अंघो इत्यादि । अंघो इति भयध्वानः । आहितम् आधीकृतं । निःस्वेन मया मद्यमूल्यार्थेऽङ्कुशमाधित्वेन शौण्डिकीहस्तेऽर्पितम्, अतोऽङ्कुशहीनां भद्रवतीं कथमहं प्रवेशयेयमित्याभिप्रायः ॥

अङ्कुशाभावेऽपि प्रवेशनमदुष्टमित्याह—सभावेत्यादि ॥

पविसदु इत्यादि । क्षुरप्रमाला अर्धचन्द्रमाला ॥

भटः—(क) पुप्फबन्धिआए भद्दवदीए खुरप्पमालाए किं कय्यं। सिग्घं भद्दवदिं पवेसेहि ।

गात्रसेवकः—(ख) पविसदु पविसदु भद्दवदी। अंघो मए भद्दवदीए घण्टा आढत्ता ।

भटः—(ग) उदए कीळिदुकामाए भद्दवदीए घण्टाए किं कय्यं। सिग्घं भद्दवदिं पवेसेहि ।

गात्रसेवकः—(घ) पविसदु पविसदु भद्दवदी । अंघो मए भद्दवदीए कासिअं आढत्तं ।

भटः—(ङ) कासिएण किं कय्यं । सिग्घं भद्दवदिं पवेसेहि ।

गात्रसेवकः—(च) पविसदु पविसदु भद्दवदी अंघो ।

भटः—(छ) किं अंघो ।

(क) पुष्पबन्ध्याया भद्रवत्याः क्षुरप्रमालया किं कार्यम् । शीघ्रं भद्रवतीं प्रवेशय ।

(ख) प्रविशतु प्रविशतु भद्रवती । अङ्घो मया भद्रवत्या घण्टाहिता ।

(ग) उदके क्रीडितुकामाया भद्रवत्या घण्टया किं कार्यम्। शीघ्रं भद्रवतीं प्रवेशय ।

(घ) प्रविशतु प्रविशतु भद्रवती । अङ्घो मया भद्रवत्याः कशिका आहिता ।

(ङ) कशिकया किं कार्यम् । शीघ्रं भद्रवतीं प्रवेशय ।

(च) प्राविशतु प्रविशतु भद्रवती । अङ्घो ।

(छ) किम् अङ्घो ।

पुप्फेत्यादि । पुष्पबन्ध्यायाः पुष्पेण बन्धुं शक्यायाः ॥

पविसदु इत्यादयश्चत्वारः संवादाः । कशिका कशा प्रतोदः ॥

पविसदु इत्यादि ॥

भद्रवत्याधिकरणं परमापराधभूतं वक्तुं 'अंघो' इति वाक्यमुपक्रम्य भीरुवद् वाक्यशेषकथनशाशङ्क इव गात्रसेवके तूष्णीम्भूते तं वाक्यशेषं व्याहारयितुं भटः पृच्छति—किं अंघो इति ॥

गात्रसेवकः—(क) अंघो मए ।

भटः—(ख) किं तुए ।

गात्रसेवकः—(ग) अंघो भद्द ।

भटः—(घ) किं भद्दत्ति ।

गात्रसेवकः—(ङ) अंघो भद्दवदी ।

भटः—(च) किं भद्दवदी ।

गात्रसेवकः—(छ) भद्दवदी पि आढत्ता ।

भटः—(ज) ण तुवं एत्थ अवरज्झो । कण्डिळसुण्डिकिणी खु अवरज्झा, जा राअवाहणं गह्णिअ सुरं देदि ।

गात्रसेवकः—(झ) अंघो मए उत्तं—मा मूळविद्धिं विणासेहि त्ति ।

(क) अङ्घो मया ।

(ख) किं त्वया ।

(ग) अङ्घो भद्र ।

(घ) किं भद्रेति ।

(ङ) अङ्घो भद्रवती ।

(च) किं भद्रवती ।

(छ) भद्रवत्यप्याहिता ।

(ज) न त्वमत्रापराद्धः । कण्डिलशौण्डिकी खल्वपराद्धा, या राजवाहनं गृहीत्वा सुरां ददाति ।

(झ) अङ्घो मयोक्तम्—मा मूलवृद्धिं विनाशयेति ।

अंघो मए इत्यादयोऽष्ट संवादाः ॥

अंघो मए उत्तमित्यादि । उक्तम् अर्थात् कण्डिलशौण्डिक्यै । उत्ता मए कण्डिळसुण्डिकिणी' इति क्वचित् साधुतरः पाठः । मूलवृद्धिं मा विनाशय, स्थितायां मूलधनस्थानीयायां भद्रवत्यां तत्परिचरणभृतिभाजो मम सकाशात् किमपि मद्यमूल्यं वृद्धिस्थानीयं दिनेदिने ते सुलभं भवेत्, तदेतद् मूलनाशनेन मा नाशयेत्यभिप्रायः ॥

भटः—(क) हं सद्दो विअ ।

गात्रसेवकः—(ख) अंधो जाणामि जाणामि, काण्डिळपुण्डिाकिणीए गेहं भिन्दिअ भद्दवदी पळाअदि ।

भटः—(ग) किं भणासि—(आकाशे) एसो भट्टा वच्छराओ वासवदत्तं गह्णिअ णिग्गदो त्ति ।

गात्रसेवकः—(सहर्षम्) अविघ्नमस्तु स्वामिनः ।

भटः—(घ) पिब पिब । अज्ज वि तुमं मत्तो आहिण्डेहि ।

गात्रसेवकः—आः को मत्तः, कस्य वा मदः, वयं खल्वार्ययौगन्धरायणेन स्वेषु स्वेषु स्थानेषु स्थापिताश्चारपुरुषाः । यावदहमपि सुहृज्जनस्य संज्ञां करोमि । एते ते सुहृदो निरोधमुक्ता इव कृष्णसर्पा इतस्ततो निर्धावन्ति । भो भोः सुहृदः! श्रृण्वन्तु श्रृण्वन्तु भवन्तः—

(क) हं शब्द इव ।

(ख) अङ्घो जानामि जानामि, कण्डिलशौण्डिक्या गेहं भित्त्वा भद्रवती पलायते

(ग) किं भणसि —एष भर्ता वत्सराजो वासवदत्तां गृहीत्वा निर्गत इति ।

(घ) पिब पिब । अद्यापि त्वं मत्त अहिण्डस्व

भटगात्रसेवकयोरित्थं संवादे वर्तमाने सर्वतः प्रसृतं सवासवदत्तवत्सराजरात्रिनिष्क्रमणवार्ताकलकलं श्रुत्वाह—**हमित्यादि** ।।

अंधो इत्यादि । पलायते परिधावति । तन्निमित्तोऽयं पौरकलकलशब्द इत्यभिप्रायः । शब्दस्य सवासवदत्तवत्सराजनिर्गमनिमित्तकत्वं जानतोऽप्येवमुक्तिर्वस्तुतत्त्वगोपनाभिनिवेशादिति बोद्धव्यम् ।।

किं भणासीत्यादि । इह वाक्यान्ते 'गच्छदु भावो' इति क्वचिदधिकं पठ्यते ।।

स्वामिकार्यसिद्धिसन्तुष्टः स्वरूपं विवरीतुमिच्छन् मध्यमपात्रतोचितं संस्कृतमाश्रित्याह—**अविघ्नमिति** । स्वामिनः अविघ्नम् अस्तु विघ्नाभावो भवतु । अर्थाभावेऽव्ययीभावः । अथवा कार्यस्य गम्यत्वात् कार्यं विघ्नरहितं भवत्वित्यर्थः ।।

पिबेत्यादि ।।

स्वरूपं मुक्तकण्ठं निवेदयति—**आ इत्यादि** । श्रृण्वन्तु अर्थाद् वक्ष्यमाणमुपदेशम् ।

नवं शरावं सलिलैः सुपूर्णं सुसंस्कृतं दर्भकृतोत्तरीयम् ।
तत्तस्य मा भून्नरकं स गच्छेद् यो भर्तृपिण्डस्य कृते न युध्येत् ॥ ३ ॥

कनुखल्वार्ययौगन्धरायणः । अये अयमत्रभवान् आर्ययौगन्धरायणः । य एषः,

निशितविमलखड्गः संहृतोन्मत्तवेषः कनकरचितचर्मव्यग्रवामाग्रहस्तः ।
विरचितबहुचीरः पाण्डराबद्धपट्टः सतडिदिव पयोदः किञ्चिदुद्भिर्णचन्द्रः ॥

अहो महत् प्रवृत्तं युद्धम् ।

नवमिति । यः भर्तृपिण्डस्य कृते भुक्तस्य स्वाम्यन्नस्यार्थे । न युध्येत्, तस्य अनिष्क्रीतभर्तृपिण्टस्य पुंसः, सलिलैः जलैः । सुपूर्णं, सलिलस्य पूर्णमिति पाठे सम्बन्धसामान्ये षष्ठी । सुसंस्कृतं सुष्ठु संस्कृतम् आभ्युदयिकैर्मन्त्रैराभिमन्त्रितं । दर्भकृतोत्तरीयं कुशपरिवेष्टितं । तद् भर्तृपिण्डार्थयोद्धृमात्रलभ्यतया प्रसिद्धं । नवं नूतनं । शरावं पात्रविशेषः । अर्थाद् यथोक्तपात्रोपहारसत्कारः । मा भूत् न स्यात् । न केवलमर्थालाभस्तस्य, किन्तु सोऽनर्थमपि कृतघ्नत्वात् प्राप्नोतीत्याह—सः, नरकं रौरवादिकं पापफलभोगस्थानं । गच्छेत्, नरकं च गच्छेदिति पाठे स इत्यर्थलभ्यं, चकारश्च शरावसत्काराभावसमुच्चयार्थः । अतो विशिष्टपात्रोपहारसत्कारलाभाय नरकाप्राप्तये च यावच्छक्ति युध्यध्वमित्यभिप्रायः युध्येदिति परस्मैपदमार्षम्, अनुदात्तेत्त्वलक्षणात्मनेपदानित्यत्वप्रयुक्तं वा । कौटिलीयार्थशास्त्रे योधयुद्धप्रोत्साहनप्रकारोपदेशप्रकरणे 'या ते गतिर्या शूरणाम्' इति श्रौतं प्रमाणं प्रथममुपदर्श्य श्लोकोऽयं स्मृतिकल्पः प्रमाणतयोदाहृतः कौटिल्याद् भासस्य पुरातनतां गमयतीत्यवगन्तव्यम् ॥ ३ ॥

केत्यादि । य एष इति श्लोकान्वयि ।

निशितेति । निशितविमलखड्गः तीक्ष्णस्वच्छकृपाणः । संहृतोन्मत्तवेषः संहृतस्त्यक्त उन्मत्तवेषो येन सः । कनकराचितचर्मव्यग्रवामाग्रहस्तः कनकराचिते स्वर्णालङ्कृते चर्मणि शस्त्रनिवारणसाधने फलकाख्ये व्यग्रो व्यापृतः वामः अग्रहस्तः यस्य सः । विरचितबहुचीरः विराचितानि देहविन्यस्तानि बहूनि चीराणि वस्त्राणि येन सः । पाण्डराबद्धपट्टः पाण्डर आबद्धः पट्टः उष्णीषपट्टो येन सः । य एषः । सतडिद् विद्युद्युक्तः । किञ्चिदुद्भिर्णचन्द्रः ईषदुद्भान्तचन्द्रः । पयोद इव मेघ इव । भवतीति शेषः । इहोपमायां कनकतडितोः पट्टचन्द्रयोश्च बिम्बप्रतिबिम्बभावः ॥ ४ ॥

अहो इत्यादि । 'अहो प्रतिभयमिदं युद्धम्' इति क्वापि पाठः ।

हत्वा गजान् सगजिनः सहायांश्च यौधानक्षौहिणीमतिविगाह्य बलान्मुहूर्तम् ।
नागेन्द्रदन्तमुसलाहतभग्नबाहुर्भ्रष्टायुधोऽपि नानिवृत्तपदोऽभियातः ॥ ५ ॥

हा धिग्, ग्रहणमुपगतः खल्वार्ययौगन्धरायणः । यावदहमप्यार्ययौगन्धरायणस्य प्रत्यन्तरीभविष्यामि । (निष्क्रान्तः ।)

भटः—(क) किणुखु एदं । पाआरतोरणवज्जं सव्वं कोसम्बी खु इदं । होदु, इमं वुत्तन्तं अमच्चस्स णिवेदेमि ।

(निष्क्रान्तः ।)

प्रवेशकः ।

(ततः प्रविशतः साधारणौ ।)

उभौ—(ख) उस्सरह उस्सरह अय्या उस्सरह ।

(क) किन्नुखल्वेतत् । प्राकारतोरणवर्जं सर्वं कौशाम्बी खल्विदम् । भवत्विमं वृत्तान्तममात्याय निवेदयामि ।

(ख) उत्सरतोत्सरतार्या ! उत्सरत ।

हत्वेत्यादि । सगजिनः गजी आधोरणः तत्सहितान् । नागेन्द्रदन्तमुसलाहतभग्नबाहुः नागेन्द्रस्य गजराजस्य दन्तमुसलेन मुसलसदृशेन दन्तेन आहतः अभिहतः अत एव भग्नः बाहुर्यस्य सः । भ्रष्टायुधोऽपि हस्तच्युतप्रहरणोपि । नानिवृत्तपदः अनपसृतपदः । नञर्थकनशब्दसमासः । अभियातः शत्र्वभिमुखं गतः ॥ ५ ॥

हा धिगित्यादि । प्रत्यन्तरीभविष्यामि प्रत्यासन्नीभविष्यामि ॥

वत्सराजयोधानां बाहुल्यं दृष्ट्वाह—किंणुखु इत्यादि । सर्वं, इदम् उज्जयिनीपुरं । प्राकारतोरणवर्जे सालबहिर्द्वारे वर्जयित्वा । कौशाम्बी खलु । वत्सराजधान्येव । वत्सराजपुरुषभूयिष्ठत्वादेवमुक्तम् । कौशाम्बी खु इयं संवुत्तेति पाठे इयम् उज्जयिनी ॥

अथ गृहीतं यौगन्धरायणं फलकशयन आरोप्यानयतोर्भटयोः प्रवेशः—तत इत्यादि । साधारणौ सामान्यभटौ ॥

उस्सरहेत्यादि ॥

प्रथमः—(क) अंघो कण्ठस्स दीअमाणस्स ण उच्चं विरमदि ।

द्वितीयः—(ख) अंघो भट्टिदारिआए वासवदत्ताए अवणअणविब्भमदाए विरुवन्तस्स मे वअणं कोच्चि ण सुणादि । अंघो किं भणह—किण्णिमित्तं उस्सारणा वत्तदि त्ति । गहीदो अय्यजोअन्धराअणो । किं भणह—कहं गहीद त्ति । सुणन्तु अय्या । अय्यजोअन्धराअणेण असिदुदीएण अक्खोहिणीए अग्गवेगो मुहुत्तअं धारिदो । विजयसुन्दरस्स हत्थिणो दन्तन्तचोदिदो असी विवण्णो । असिदोसेण गहीदो, ण पुरुसदोसेण ।

प्रथमः—(ग) अंघो अप्पमत्ता होह तुह्मे । पाआरतोरणवज्जं सव्वं कोसम्बी खु इअं ।

(क) अङ्गो कण्ठस्य दीर्यमाणस्य नोच्चं विरमति ।

(ख) अङ्गो भर्तृदारिकाया वासवदत्ताया अपनयनविभ्रमतया विरुवतो मे वचनं कश्चिन्न शृणोति । अङ्गो किं भणथ—किन्निमित्तमुत्सारणा वर्तत इति । गृहीत आर्ययौगन्धरायणः । किं भणथ—कथं गृहीत इति । शृण्वन्त्वार्याः । आर्ययौगन्धरायणेनासिद्वितीयेनाक्षौहिण्या अग्रवेगो मुहूर्तं धारितः । विजयसुन्दरस्य हस्तिनो दन्तान्तचोदितोऽसिर्विपन्नः । असिदोषेण गृहीतो, न पुरुषदोषेण ।

(ग) अङ्गो अप्रमत्ता भवत यूयम् । प्राकारतोरणवर्जं सर्वं कौशाम्बी खल्वियम् ।

अंघो इत्यादि । अंघो इति दुःखे । दीर्यमाणस्य उत्सारणध्वन्युच्चत्वकरणाय अत्यायास्यमानस्य । कण्ठस्य, अनादरे षष्ठी । उच्चं पथिमिलितपौरकलकलोच्चत्वं । न विरमति । मत्कण्ठायासजानितमुत्सारणध्वन्युच्चत्वं जनकलकलोच्चतां न्यक्कर्तुं न प्रभवतीति वाक्याभिप्रायः ॥

अंघो भट्टीत्यादि । अपनयनविभ्रमतया अपनयनेन अपहरणेन विभ्रमः उन्मादो यस्य तस्य भावस्तत्ता तया हेतुना । अग्रवेगः अग्रपराक्रमः । धारितः सोढः । विजयसुन्दरस्य तदाख्यस्य । दन्तान्तचोदितः दन्तान्ते यौगन्धरायणेन चोदितः । विपन्नः भग्नः । पुरुषदोषेण दुर्बलत्वभीरुत्वादिना ॥

अंघो अप्पमत्ता इत्यादि । इयम् उज्जयिनी ॥

उभौ—(क) ओदरदु ओदरदु अय्यो ओदरदु ।

(ततः प्रविशति यौगन्धरायणः बद्धबाहुः फलकशयनेनानीयमानः ।)

यौगन्धरायणः—अयमहमवतरामि ।

रिपुगतमपनीय वत्सराजं ग्रहणमुपेत्य रणे स्वशस्त्रदोषात् ।
अयमहमपनीतभर्तृदुःखो जितमिति राजकुले सुखं विशामि ॥ ६ ॥

भोः ! सुखं खलु निष्कलत्राणां कान्तारप्रवेशः, रमणीयतरः खलु प्राप्तमनोरथानां विनिपातः, अपश्चात्तापकरः खलु सञ्चितधर्माणां मृत्युः । मया हि,

वैरं भयं परिभवं च समं विहाय कृत्वा नयैश्च विनयैश्च शरैश्च कर्म ।
शत्रोः श्रियं च सुहृदामयशश्च हित्वा प्राप्तो जयश्च नृपतिश्च महांश्च शब्दः ॥

(क) अवतरत्ववतरत्वार्योऽवतरतु ।

ओदरदु इत्यादि ॥

अयमित्यादि ।

रिपुगतमिति । अयमहं, रिपुगतं शत्रुहस्तप्राप्तं । वत्सराजम्, अपनीय अपहृत्य । रणे युद्धे । स्वशस्त्रदोषात्, ग्रहणं उपेत्य अङ्गीकृत्य । अपनीतभर्तृदुःखः सन्, जितमिति जयः सिद्ध इति बुद्ध्या । राजकुले, राजकुलमिति साधीयान् पाठः । सुखं ससन्तोषं यथा भवति तथा । विशामि ॥ ६ ॥

आत्मनः कृतकृत्यत्वाच्छत्रुवशप्राप्तिरपि खेदाय न भवतीत्यमुमर्थं द्योतयितुं समान्यन्यायानाह—भोः सुखमित्यादि । सुखं सुखहेतुः । रमणीयतरः अतिशयेन हृद्यः । विनिपातः दैवादिकृतं व्यसनं । सञ्चितधर्माणामिति अनिजकरणं समासान्तविध्यनित्यत्वात्, धर्मणामित्येव वा पाठः कल्प्यः । मया हीति श्लोकान्वयि ।

आत्मनः कृतार्थत्वमुपपादयति—**वैरमिति** । मया हि, वैरं प्रद्योतेन सह विरोधं । भयं, परिभवं च उन्मत्तचर्यासुलभम् अवमानं च । समं तुल्यं । विहाय अप्रकाश्य परित्यज्य अगणयित्वेति क्रमेणार्थः । नयैः नीतिभिः । विनयैः प्रश्रयैः । शरैश्च बाणैश्च । कर्म समं कृत्वा । शत्रोः श्रियं च जयलक्ष्मीं च । सुहृदाम् अयशश्च रुमण्वदादीनाम् अकीर्तिं च । समं हित्वा त्याजयित्वा । जयश्च, नृपतिश्च वत्सराजश्च । महान् शब्दश्च कीर्तिश्च' समं प्राप्तः ॥ ७ ॥

उभौ—(क) उस्सरह उस्सरह अय्या! उस्सरह ।

यौगन्धरायणः—मद्दर्शनाभिलाषी जनो न कश्चिदुत्सारयितव्यः ।
पश्यन्तु मां नरपतेः पुरुषाः ससत्त्वा राजानुरागनियमेन विपद्यमानम् ।
ये प्रार्थयन्ति च मनोभिरमात्यशब्दं तेषां स्थिरीभवतु नश्यतु वाभिलाषः ॥

उभौ—(ख) उस्सरह उस्सरह । किं तुह्मेहि ण दिट्ठपुरुवो अय्यजोअन्धराअणो ।

यौगन्धरायणः—दृष्टः पूर्वं, न त्वेवम् । मम हि,

उन्मत्तच्छन्नवेषस्य रथ्यासु परिधावतः ।
अवगीतमिदं रूपं कर्म सम्प्रति दृश्यते ॥ ९ ॥

(प्रविश्य)

भटः—(ग) अय्य! पिअं दे णिवेदेमि । गहीदो किळ वच्छराओ ।

(क) उत्सरतोत्सरतार्याः! उत्सरत ।

(ख) उत्सरतोत्सरत । किं युष्माभिर्न दृष्टपूर्व आर्ययौगन्धरायणः ।

(ग) आर्य! प्रियं ते निवेदयामि । गृहीतः किल वत्सराजः ।

उस्सरहेत्यादि ॥

मद्दर्शनेत्यादि ।

पश्यन्त्वित्यादि । ससत्त्वाः सधैर्याः । राजानुरागनियमेन विपद्यमानं राजभक्तिव्रतेन विपत्तिं प्राप्नुवन्तम् । अभिलाषः, स्थिरीभवतु नश्यतु वा । लोकोत्तरकीर्तिलाभगणनायाम् अभिलाषस्थिरीभावपक्षः, मदनुभूतमहाक्लेशभीरुतायामभिलाषनाशपक्ष इति बोद्धव्यम् ॥ ८ ॥

उस्सरहेत्यादि ॥

दृष्ट इत्यादि ।

मम हि **उन्मत्तेति** । उन्मत्तच्छन्नवेषस्य उन्मत्तत्वाच्छादितस्वरूपस्य । रथ्यासु प्रतोलीषु । परिधावतः । मम, इदं रूपम् अवगीतं निन्दितं हि । अतस्तद्दर्शनेन तेषां न तृप्तिरित्यभिप्रायः । सम्प्रति मम कर्म दृश्यते, निन्दितरूपदर्शनात्तैस्तैर्ममावदातं कर्मेदानीं साक्षात्क्रियते ॥ ९ ॥

अय्येत्यादि । प्रियमित्युपहासवचनं । किलेति वार्तायाम् ॥

यौगन्धरायणः—नैतदस्ति ।

चिरमरिनगरे निरोधमुक्तः स किल वनान्युपलभ्य भद्रवत्या ।
ग्रहणमुपगमिष्यति प्रयातो निमिषितमात्रंगतेषु योजनेषु ॥ १० ॥

भद्र ! कथं गृहीत इति श्रुतम् ।

भटः—(क) अणुसारिअ णळागिरिणा गहीदो किळ ।

यौगन्धरायणः—अस्ति वाहनसामर्थ्यम् । असमायुक्तस्तु सः ।

गजस्याधोरणायुक्तो जवो भवति शिक्षया ।
विमुक्तं वत्सराजेन क एनं वाहयिष्यति ॥ ११ ॥

(क) अनुसार्य नलागिरिणा गृहीतः किल ।

नेति । एतद् नास्ति त्वदुक्तमसत्यम् ।

ग्रहणस्यासम्भाव्यतामुपपादयति—चिरमिति । अरिनगरे, चिरं निरोधमुक्तः बहुनाडिकाभ्यः प्रागेव अवरोधान्निर्गत इत्यर्थः। भद्रवत्या करणभूतया, वनानि उपलभ्य विन्ध्यारण्यान्यासाद्य । प्रयातः स वत्सराजः । निमिषितमात्रगतेषु योजनेषु निमेषमात्रातीतेषु योजनेषु । अर्थाद् बहुयोजनव्यवहितेषु प्रदेशेषु । ग्रहणम्, उपगमिष्यति किल, इह नञर्थे काका उपगमिष्यतीत्येतदसम्भावनीयमित्यर्थः, किल-शब्दस्य सम्भावनापरत्वात् ॥ १० ॥

भद्रेत्यादि । कथं केन प्रकारेण ॥

अणुसारिअ इत्यादि ॥

अस्तीति । वाहनसामर्थ्यं वाहनस्य नलागिरेः सामर्थ्यं भद्रवत्यनुधावनशक्तत्वम्। अस्ति । किन्तु सः नलागिरिः । असमायुक्तः असम्यग्व्यापारितः, असुष्ठु शिक्षितो वा । अतस्तस्य भद्रवत्यनुधावनमसम्भाव्यमित्याभिप्रायः ।

गजस्येति । गजस्य, जवः वेगः । आधोरणायुक्तः आधोरणेन हस्तिपकेन आयुक्तः उत्पादितः । भवति । एवं स्थिते, कः, शिक्षया विमुक्तं रहितम् । एनं नलागिरिं । वत्सराजेन भद्रवतीं वाहयता वत्सराजेन सह । वाहयिष्यति गमयिष्यति न कोऽपि वाहयिष्यतीत्यर्थः ॥ ११ ॥

भटः—(क) अय्य ! अमच्चो आह—आउहागारे चिट्ठदु किळ अय्यो । पुरुसगुत्तो अअं देसो त्ति ।

यौगन्धरायणः—अहो हास्यमभिधानम् ।

अग्निं बद्ध्वा वत्सराजाभिधानं यस्मिन् काले सर्वतो रक्षितव्यम् ।
तस्मिन् काले सुप्तमासीदमात्यैर्नीते रत्ने भाजने को निरोधः ॥ १२ ॥

(परिक्रम्य)

भटः—(ख) इदं आउहागारं । पविसदु अय्यो ।

(प्रविश्य)

भटः—(ग) अमच्चो आह—अवणीअदु बन्धणं त्ति ।

यौगन्धरायणः—अक्षीणं मां कुरु । व्यक्तं भरतरोहको मां द्रष्टुमिच्छति, अहमपि तावद् भरतरोहकं द्रष्टुमिच्छामि ।

मद्वाक्यैः परिखिद्यमानहृदयं रोषात् प्रमत्ताक्षरैः
प्रारब्धेषु नयच्छलेषु तुलितं तुल्याधिकारोज्झितम् ।

(क) आर्य ! अमात्य आह—आयुधागारे तिष्ठतु किलार्यः । पुरुषगुप्तोऽयं देश इति ।

(ख) इदमायुधागारम् । प्रविशत्वार्यः ।

(ग) अमात्य आह—अपनीयतां बन्धनमिति ।

अय्येत्यादि । इति शब्दो हेतौ ॥

अहो इत्यादि । अभिधानं मद्गोपनार्थं यत्नकथनम् ।

अग्निमित्यादि । बद्ध्वा बन्धनं नीत्वा । वत्सराजाभिधानं वत्सराजात्मकं । सुप्तं न तु जागरितं । यदि जागरितमभविष्यत्, सवासवदत्तवत्सराजहरणं नाभविष्यदित्यर्थः । रत्ने नीते भाजनस्थे रक्षणीये वस्तुनि वत्सराजात्मके, नीते हृते सति । भाजने को निरोधः भाजनस्थानीये मयि विषये कोऽयं रक्षणनिर्बन्धः ॥ १२ ॥

इदमित्यादि ॥

अमच्चो इत्यादि ॥

अक्षीणमित्यादि । अक्षीणं विश्रान्तम् । अहमपि तावदित्यादि श्लोकान्वयि ।

भरतरोहकं विशिनष्टि—मदिति । अहमपि रोषात् स्वामिच्छलनानिमित्तात् कोपात् । प्रमत्ताक्षरैः उद्धतैः । मद्वाक्यैः परिखिद्यमानहृदयं, नयच्छलेषु

सूक्तैः शास्त्रविनिश्चितैर्विरहितं बुद्ध्याधिकं वञ्चितं
द्रष्टुं मल्लमपक्रियाविनिहतं व्रीलादिवाधोमुखम् ॥ १३ ॥

(ततः प्रविशति भरतरोहकः ।)

भरतरोहकः—कासौ कासौ यौगन्धरायणः ।

अवसितनिजकार्यं वञ्चनैर्दुर्निरीक्ष्यं कथमिव परिभाषे भर्तुरर्थे विपन्नम् ।
चिरमवनतकार्यं चापि निर्युक्तमन्त्रं भुजगमिव सरोषं धर्षितं चोच्छ्रितं च ॥

भटः—(क) अय्यजोअन्धराअणो अय्यं पडिवाळअन्तो आउहागारे चिट्ठइ।

(क) आर्ययौगन्धरायण आर्यं प्रतिपालयन् आयुधागारे तिष्ठति ।

नीतिच्छद्मसु । प्रारब्धेषु मदुपक्रान्तेषु सत्सु । तुलितं तुलाधृतं निर्धारितच्छलप्रयोगसामर्थ्यमित्यर्थः । तुल्याधिकारोज्झितं मत्प्रयुक्तच्छलारम्भसमानारम्भरहितं । शास्त्रविनिश्चितैः बार्हस्पत्याद्यर्थशास्त्रनिर्णीतैः सूक्तैः शोभनैरुपदेशैः । विरहितं । बुद्ध्या, अधिकं वञ्चितं यावदहं तेन च्छलितः ततोऽधिकं मया छलितम् । अपक्रियाविनिहतं मल्लमिव अपक्रियया प्रतिक्रियया विनिहतं प्रतिहतारम्भं, शूरमिव । द्रष्टुम् अपक्रियाकर्तारं वीक्षितुं । व्रीलात् लज्जया । अधोमुखं न त्वभिमुखम् भरतरोहकं द्रष्टुमिच्छामि । इह इवशब्दस्य उपमानेन सह पठनीयस्यान्यत्र पाठः सह्यः ॥

ततइत्यादि ॥

केत्यादि ।

अवासितेति । वञ्चनैः, अवसितनिजकार्यं सिद्धनिजसाध्यम् । अवसितनृपकार्यमिति क्वापि पाठः । अत एव दुर्निरीक्ष्यं व्रीडान्मया दुःखनिरीक्ष्यं । भर्तुरर्थे विपन्नं स्वामिनः कृते विपत्प्राप्तम् । एतेन विपत्तिरप्यस्य गौरवावहेति सूचितम् । पूर्वावस्थामाह—चिरम्, अवनतकार्यं चापि निर्युक्तमन्त्रम्, अवनतं स्वामिव्यसनवशादधागतम् उच्चैर्गतिहीनं कार्यम् अमात्यकर्म यस्य तं तथाभूतमपि, निर्युक्तमन्त्रं निर्युक्तः कार्योन्नमनानुकूलतया निश्चित्य प्रयुक्तो मन्त्रो यस्य तं । सरोषं भुजगमिव सर्पमिव । धर्षितं च ग्रहणपरिभूतं च । उच्छ्रितं च सिद्धसमीहितत्वादुच्चैश्शिरसं च । प्रकृतं यौगन्धरायणं, कथमिव परिभाषे केन प्रकारेण उपालभे । सर्वप्रकारश्लाघनीयचरितोऽसौ नोपलम्भार्ह इत्यभिप्रायः ॥ १४ ॥

अय्येत्यादि ।

भरतरोहकः—भवतु भवतु ।

मन्त्रित्वे वञ्चितो ह्येष सव्याजं नीलहस्तिना ।
प्रत्यादेष्टुं स तद्वैरं मामिदानीं प्रतीक्षते ॥ १५ ॥

भटः—(क) अय्य ! एसो अमच्चो ।

भरतरोहकः—(उपगम्य) भो यौगन्धरायण ! ।

यौगन्धरायणः—भोः ! ।

भटः—(ख) अहो सरस्स गम्भीरदा । अय्यस्स एकक्खरेण पूरिदो अयं देसो ।

भरतरोहकः—(उपविश्य) भोः ! यौगन्धरायण इत्यशरीराण्यक्षराणि श्रूयन्ते । दिष्ट्या भवान् दृश्यते ।

यौगन्धरायणः—दिष्ट्या भवान् दृश्यत इति । पश्यतु भवान् माम्,

एवं रुधिरदिग्धाङ्गं वैरं नियममास्थितम् ।
गुरोरवर्जितं हत्वा शान्तं द्रौणिमिव स्थितम् ॥ १६ ॥

(क) आर्य ! एषोऽमात्यः ।

(ख) अहो स्वरस्य गम्भीरता । आर्यस्यैकाक्षरेण पूरितोऽयं देशः ।

भवत्वित्यादि ।

मन्त्रित्व इति । मन्त्रित्वे विषये । एषः यौगन्धरायणः । सव्याजं नीलहस्तिना सकपटं भवता नीलगजेन, कपटसृष्टनीलगजेन करणेनेति यावत् । सामर्थ्यगम्यभवतिक्रियाद्वारक इह पदार्थयोः संबन्धः । वञ्चितो हि, अर्थान्मया । सः, इदानीम् आत्मजयसमयेऽस्मिन् । तद्वैरं तन्मूलकं वैरं मत्प्रयुक्तवञ्चनमूलकं विरोधं । प्रत्यादेष्टुं सोपहासभाषणेन प्रतिकर्तुं । मां प्रतीक्षते ॥ १५ ॥

अय्येत्यादयश्चत्वारः संवादाः ॥

भो इत्यादि । नाममात्रं ते मया श्रुतं, न तु शरीरं दृष्टं, तदद्य दृश्यत इति अद्रक्ष्यामीति वचनार्थः ॥

दिष्ट्येत्यादि । पश्यतु भवान् मामिति श्लोकान्वयि ।

एवमित्यादि । वैरं नियमं वीरसंम्बान्धिनं समुदाचारम् । आस्थितम् आ-

भरतरोहकः—अहो छलेनागतगजारम्भस्यात्मसम्भावना ।

यौगन्धरायणः—किं छलेनेति । तत् पुनरिदानीं युक्तम् ।

या सा मल्लिकसालवृक्षरचिता नागाश्रिता वञ्चना ।
बद्धः सेवितवान् हि नो नरपतिर्बाहूपधानां क्षितिम् ।
राज्ञो वारणनिग्रहे परिचयाद् वीणाश्रिता वञ्चना
पूर्वं प्रस्तुतमेव यामि भवता नैवापराधो मम ॥ १७ ॥

श्रितम् । गुरोः अवजितं, पितुरवजेतारं धृष्टद्युम्नम् । अवजिच्छब्दः क्विबन्तः । द्रौणिमिव द्रोणसूनुमश्वत्थामानमिव ॥ १६ ॥

अहो इति । छलेन, आगतगजारम्भस्य आगतः प्राप्तः गजारम्भः गजद्वारक आरम्भः भद्रवत्याख्यहस्तिनीद्वारको वत्सराजहरणोद्यमः येन तस्य । आत्मसम्भावना आत्मविषयः शौर्यबहुमानः । अहो कष्टं । नहिच्छलप्रयोक्तुः शौर्यगर्व उचित इत्यभिप्रायः ॥

किमिति । छलेनेति किं, ब्रूष इति शेषः । भरतरोहकं तदीयच्छलनिर्देशेन पर्यनुयुङ्क्ते—तत् पुनः तत्तु अर्थाद् वक्ष्यमाणरूपं त्वदीयं छलं । युक्तम् उचितं किम् । इह काकुः ।

तत्पदार्थं विशदयन्नाह—येति । या यत् छलं । स्त्रीत्वं विधेयानुरोधात् । मल्लिकसालवृक्षरचिता मल्लिकावति सालवृक्षे रचिता प्रणीता । नागाश्रिता नीलहस्तिसंबद्धा । सा वञ्चना प्रसिद्धा मत्स्वामिवञ्चनैव । तत् छलं किं युक्तमिति पूर्ववाक्येन संबन्धः । अपराधान्तरमाह—बद्धः त्वद्दुर्नीत्या बन्धं प्राप्त इत्यर्थः । नः नरपतिः वत्सराजः । बाहूपधानां बाहुरेव उपधानम् उपबर्हं यस्यां शय्याभूतायां तां । क्षितिं भूमिं । सेवितवान् अधिशयितवान् हि । राज्ञः वत्सेशस्य । वारणनिग्रहे गजदमने । परिचयात् परिचयं वीणानिमित्तं सामर्थ्यम् असोढ्वा, 'ल्यब्लोपे कर्मणी'ति पञ्चमी । वीणाश्रिता वञ्चना वीणापहरणलक्षणापक्रिया । कृतेति शेषः । इत्थं बहुभिः प्रकारैर्भवता पूर्वं कृतस्य च्छलस्य प्रतिच्छलमेव मया कृतमित्याह—भवता पूर्वं प्रस्तुतमेव प्रक्रान्तमेव, अर्थाच्छलं । यामि प्राप्नोमि अनुकरोमीत्यर्थः । फलितमाह —मम,अपराधः, नैव ॥ १७ ॥

भरतरोहकः—भो यौगन्धरायण! यदग्निसाक्षिकं महासेनस्य दुहितरं शिष्यां प्रतिगृह्य अदत्तापनयनं कृतं, युक्तेयं भोस्तस्करप्रवृत्तिः ।

यौगन्धरायणः—मा मा भवानेवम् । विवाहः खल्वेष स्वामिनः ।

भारतानां कुले जातो वत्सानामूर्जितः पतिः ।
अकृत्वा दारनिर्देशमुपदेशं करिष्यति ॥ १८ ॥

भरतरोहकः—अद्यापि महासेनेन प्रयुक्तसत्कारो वत्सराजः । तदिदानीं किं नावेक्षते ।

यौगन्धरायणः—मा मा भवानेवम् ।

यदस्य चाज्ञां कुरुते नलागिरिः स शिक्षितानां वचनेषु तिष्ठति ।
ततो विमुक्तः स्वशरीररक्षणे यशः प्रदातुं सुहृदां च जीवितम् ॥ १९ ॥

उद्भाविते ऽपराधे समाहिते तमपरमुद्भावयति—भो इत्यादि । अदत्तापनयनम् अदत्ताया अपहरणं । युक्तेति काकुः । तस्करप्रवृत्तिः चौरकर्म ॥

मामेति । भवान्, एवं तस्करप्रवृत्तिरित्यनेन प्रकारेण । मा मा, वादीदिति शेषः । 'मा मा भवानेवम्' इत्यस्य स्थाने 'शान्तं शान्तं पापम्' इति क्वचित् पठ्यते । अपापे स्वामिनि पापारोपपरभवद्वचनश्रवणजन्यं पापं मे शान्तं भवत्विति तदार्थः । स्वामिनः, एष विवाहः खलु शिष्यात्वेन परिग्रहो विवाह एव ।

महाकुलीनो राजधर्मवृत्तिर्वत्सराजो यौवनवतीं यां कामपि कन्यां पत्नीत्वेनाप्रतिगृह्य नाध्यापयेल्लोकापवादभयादित्यभिप्रायेणाह—**भारतानामित्यादि** । ऊर्जितः बलवान् पतिभावयोग्यधर्मानुष्ठानधीर इत्यर्थः । दारनिर्देशम् इमे मे दाराः इत्यादेशं व्यपदेशं वा । करिष्यतीति काक्वा न करिष्यतीत्यर्थः ॥ १८ ॥

इत्थमदत्तापहरणे परिहृते वत्सराजस्याकृतज्ञत्वं दोषान्तरमुद्भावयितुमाह—**अद्यापीत्यादि** । प्रयुक्तसत्कारः प्रयुक्तः कृतः सत्कारः पूजा बन्धमोचनरूपा यस्य सः । तत् किं नावेक्षते तत् चिरादनुवृत्तं सत्कारकरणं, किं नावेक्षते कुतो न गणयति । अर्थाद् वत्सराजः । यद्यवेक्षते स्वसत्कर्तारं महासेनं तत्कन्याप्रच्छन्नहरणेन नावमन्येतेत्यभिप्रायः ॥

मामेत्यादि ।

बन्धमोचनं न वत्सराजस्य सत्कारार्थं महासेनेन विहितं, किन्तु स्वार्थमेवेत्याभिप्रायेणाह—**यदिति** । यद् यस्मात् कारणात् । नलागिरिः, अस्य च वत्सराजस्यैव । आज्ञां कुरुते । कुतः कुरुत इत्याकाङ्क्षायामाह—सः नलागिरिः ।

भरतरोहकः—यद्येवं, नलागिरिग्रहणार्थं विमुक्तश्चेद्, न पुनर्बद्धस्ते स्वामी ।

यौगन्धरायणः—नेति पश्यत्युपक्रोशभयात् ।

भरतरोहकः—अपरोक्षराज्यव्यवहारो भवानिति ब्रवीति । समरावजितेषु शत्रुषु किमाह शास्त्रम् ।

यौगन्धरायणः—वधः ।

शिक्षितानां हस्तिविद्यानिष्णातानां । वचनेषु तिष्ठति वचनान्यनुवर्तते । वत्सराजश्च शिक्षितेषूत्तम इति सुप्रसिद्धमिति भावः । ततः तस्मात् कारणात् । स्वशरीररक्षणे स्वशरीरस्य रक्षणे अर्थात् ससुद्भ्रान्तचित्ततया सर्वविध्वंसनप्रवृत्तस्य नलागिरेः सकाशात् पालने मुख्ये निमित्ते । विमुक्तः बन्धान्मोचितः । अर्थान्महासेनेन वत्सराजः । मोचनस्यानुषङ्गिकं फलद्वयमाह—सुहृदां यशः जीवितं च प्रदातुम् । अविमुक्ते हि वत्सराजे नलागिरिदमनासिद्धौ महासेनसुहृदां नलागिरिदमनासामर्थ्यापवादप्रसरणात् कीर्त्तिहानिः, कीर्त्तिहानिभिया नलागिरिमभिगच्छतां जीवितहानिश्च स्यात्, तदुभयं मा भूदित्येवमर्थमित्याशयः ॥ १९ ॥

यद्येवमिति । यद्येवमित्यस्यैव प्रपञ्चनं—नलागिरिग्रहणार्थं विमुक्तश्चेदिति । ते स्वामी, पुनः पश्चात् नलागिरिग्रहणोत्तरकाले । न बद्धः विमोचनप्रयोजने निर्वृत्ते बन्धनीयो बन्धं न नीतः । एवञ्च पुनरबन्धनात् त्वत्स्वामिनः सत्कारायैव विमोचनमिति भावः । क्वचिद् यदिशब्दो न पठ्यते । तदायमर्थः—एवमिति पृथग्वाक्यं, मन्यस इति शेषः । एवं मननमयुक्तमित्याशयेनाह—नलागिरीत्यादि । शेषं प्राग्वत् ॥

नेतीति । नेति न बन्धनीयं इति । पश्यति मन्यते अर्थात् महासेनः । कुतः पश्यतीत्यत्राह—उपक्रोशभयात् ससुहृज्जनस्यात्मनो रक्षितारं कृतघ्नोऽयं पुनर्बध्नातीति लोक आत्मानं निन्देदिति भयादित्यर्थः ॥

पुनरबन्धनेऽपि वत्सराजपूजाममन्यमानममृष्यन्नाह—अपरोक्षेति । अपरोक्षराज्यव्यवहारः साक्षात्कृतराज्यतन्त्रः । भवान् । इति ब्रवीति एवमर्थहीनं कथयति । राज्यव्यवहारानभिज्ञ इवेत्यार्थमर । वत्सराजसत्कारवादमङ्गीकारयितुं वाचोयुक्त्यन्तरमुपन्यासिष्यन् पृच्छति—समरेत्यादि ॥

वध इति, युद्धावजितेषु विषये वधोऽर्थशास्त्रे विहित इत्यर्थः ॥

भरतरोहकः—वधार्हो वत्सराजश्चेत् किमस्माभिः स सत्कृतः ।

यौगन्धरायणः—एतदवेक्ष्य खलु यदस्य शरीरं नापहृतम् ।

भरतरोहकः—एतदपि सम्भाव्यं मन्यते स्वामी ।

यौगन्धरायणः—कः संशयः ।

हस्तप्राप्तो हि वो राजा रक्षितस्तेन साधुना ।
नह्यनारुह्य नागेन्द्रं वैजयन्ती निपात्यते ।। २० ।।

भरतरोहकः—भवतु भवतु । महासेनस्य प्रतिकूलं कृत्वा कौशाम्बीं प्रति का कृता ते बुद्धिः ।

यौगन्धरायणः—अहो हास्यमभिधानम् ।

वधार्ह इत्यादि । किं सत्कृतः किमवधेन पूजितः । कुतः शात्रवोऽपि सन् अवधमापिवान्ततो वत्सराजस्य सत्कारं न मन्यस इत्यभिप्रायः ।।

अवधस्य सत्कारत्वमभ्युपगम्याह—एतदिति । अस्य महासेनस्य । शरीरं नापहृतमिति यत् तत्, एतद् अवेक्ष्य खलु, महासेनकृतं वत्सराजावधसत्करणं गणयित्वैव । एतदनवेक्षणे तु शरीरमपहृतमभविष्यदित्यर्थः । महासेनकृतो ह्यवधसत्कारस्तदवधसत्कारेणात्मकृतेन निष्क्रीत एव वत्सराजेनेति तात्पर्यम् ।।

एतादित्यादि । एतदपि महासेनशरीरापहरणमपि । मन्यत इति प्रश्नकाकुः ।।

कः संशय इति ।

हस्तेति । साधुना धार्मिकेण । तेन वत्सराजेन । वः राजा महासेनः । हस्तप्राप्तो हि सन् सुखाक्रमणीयतां गत एव सन् । रक्षितः अवधेनोपेक्षितः । महासेनस्य हस्तप्राप्तत्वाभावे तत्प्रियदुहितृहरणं वत्सराजस्य न साध्यमभविष्यदित्यमुमर्थमवगमयितुं तत्सरूपमप्रस्तुतमर्थमुपक्षिपति—नागेन्द्रं गजराजम् । अनारुह्य अनधःकृत्य । वैजयन्ती पताका, अर्थान्नागेन्द्रसमाश्रया । नहि निपात्यते ।। २० ।।

इत्थं वत्सराजस्य सापराधत्वे स्वोद्भाविते खण्डिते तत्समर्थनसंरम्भं परित्यज्य यौगन्धरायणं प्रति रुष्यन्नाह—भवत्विति । भवतु भवतु वत्सराजः सापराधो नवेति विचारो दूरेऽस्तु । त्वमेव मुख्योऽपराधी पर्यनुयोक्तव्य इति मत्वा पृच्छति—महासेनस्येति । महासेनस्य प्रतिकूलं कृत्वा, ते त्वया । कौशाम्बीं प्रति का बुद्धिः कोऽभिसन्धिः कृतः । अक्षतक्षेमः कौशाम्बीं यास्यामीति किं त्वं मन्यस इत्यभिप्रायः ।

अहो इत्यादि ।

भवतां चाग्रतो यातः शेषकार्येषु का कथा ।
समूलं वृक्षमुत्पाट्य शाखाश्छेत्तुं कुतः श्रमः ॥ २१ ॥

(प्रविश्य)

काञ्चुकीयः—(कर्णे) एवमिव ।

भरतरोहकः—प्रकाशमुच्यताम् ।

काञ्चुकीयः—

कारणैर्बहुभिर्युक्तैः कामं नापकृतं त्वया ।
गुणेषु न तु मे द्वेषो भृङ्गारः प्रतिगृह्यताम् ॥ २२ ॥

भवतामिति । भवतां च अग्रतो यातः, ये मया साक्षादपकृताः मां सद्योवध्यमिच्छन्ति तेषां युष्माकमेव पुरस्तान्निर्भयं प्राप्तोऽहम् । शेषकार्येषु कौशाम्बीयानादिषु । का कथा का वार्ता सुकरता किमु वक्तव्येत्यर्थः। का व्यथेति क्वचित् पाठः । महाकार्यनिर्वाहिणः क्षुद्रकार्यसाधने कः प्रयास इति सामान्यं गमयितुं विशेषं निदर्शयति—समूलमित्यादि । वध्यस्यैकाकिनो निरायुधस्य शत्रुहस्तगतस्य च सतोऽप्यात्मनः कौशाम्बीयानं सुखसाध्यं वदन् यौगन्धरायण एवं मन्यते—"मानभ्रस्यापि जामातुर्मानं संवर्धयेद् बुधः । स्वसुर्हर्त्रेऽर्जुनायापि ददुर्वित्तानि वृष्णयः ।" इति भगवद्बादरायणसुभाषितास्थित्या प्रद्योतो दुहितृवात्सल्यनिमित्ताया जामातृप्रियविधित्साया वशंवदो भूत्वा मामबाधमानः स्वामिपार्श्वमनुप्रेषयिष्यतीति ॥ २१ ॥

कर्णे इति । भरतरोहकस्य कर्णे प्रथमं कथनं करिष्यमाणराजसन्देशनिवेदनानुमतिग्रहणार्थम् ॥

अनुमतिं ददाति—प्रकाशमिति । प्रकाशम्, उच्यतां यौगन्धरायणसविधे निवेद्यताम् । अर्थाद् राजसन्देशः ॥

कारणैरिति । त्वया, कामं नापकृतं, बहुप्रकारं छलं प्रयुक्तवतापि भवता ममापकारो न कृत इत्यनुमन्ये । मद्वद्धवत्सराजमोचनं तद्धरणं मत्कन्याहरणं च त्वया कृतं नाहमपकारं मन्य इति भावः । कुतः, युक्तैः उपपन्नैः । बहुभिः कारणैः । तानि च—स्वामिनो रक्षणीयता, शत्रुप्रयुक्तस्य छलस्य प्रतिकर्तव्यता, स्वाकीर्त्तेः परिहर्तव्यता, भर्तृपिण्डस्य निर्यातयितव्यता स्वाम्यभिलाषस्यानुवर्तनीयता, मत्कन्याया मत्पूर्वकल्पितभर्तृहस्तप्राप्तिरित्येवमादीन्यूहनीयानि । गुणेषु अमात्यसम्मतेषु बुद्धिमन्त्रशौर्यस्वामिभक्त्यादिषु त्वद्गतेषु मदिष्टलाभे च । मे, द्वेषः नहु अपरि-

इति ।

यौगन्धरायणः—हा धिक् ।

गृहा न निर्वान्ति मया प्रदीपितास्तथैव तावद्धृदयानि मन्त्रिणाम् ।
इयं तु पूजा मम दण्डधारिणः कृतापराधस्य हि सत्कृतिर्वधः ॥ २३ ॥

(नेपथ्ये हाहाकारः क्रियते ।)

भरतरोहकः—अये,

को नु खल्वेष सहसा प्रासादाग्राद् विनिःसृतः ।
श्येनपक्षाभिमृष्टानां कुररीणामिव ध्वनिः ॥ २४ ॥

तोषो नास्त्येव, किन्तु परितोष एवास्तीत्यर्थः । अत एव, भृङ्गारः प्रतिगृह्यतां कनकालुकारूपं पारितोषिकं मया दीयमानं स्वीक्रियतां भवतेत्यर्थः । 'कामं चानुमतौ स्मृतं । प्रकामे च' इति मेदिनी ॥ २२ ॥

इतिशब्दः सन्देशसमाप्तौ । इतिपदानन्तरं 'महासेन आह' इत्यपेक्षितं, सामर्थ्याद् गम्यं वा ॥

भृङ्गारसत्कारमरोचयमान आह—हेति । हाधिक् कष्टम् ।

गृहा इति । मया, प्रदीपिताः गृहाः नलागिरिचित्तोद्भ्रमणायाग्निना सन्धुक्षिताः । गृहाः, न निर्वान्ति न शाम्यन्ति । वस्तुतो निर्वाणानामेवेदमनिर्वाणत्वकथनमचिरनिर्वाणत्वद्योतनद्वारेण गृहसन्दीपनापराधस्यार्द्रतां व्यङ्क्तुम् । मन्त्रिणां भरतरोहकादीनां हृदयानि । तथैव तावत्, मया प्रदीपितानि न निर्वान्ति, मया महासेनप्रातिकूलाचरणात् प्रकोपितान्यद्यापि न शाम्यन्तीत्यर्थः । तु तथापि । दण्डधारिणः दण्डप्रणयनाधिकृतात् महासेनात् । उक्तापराधवत्तया दण्डार्हस्येति ममपदार्थविशेषणं वा । मम, इयं पूजा भृङ्गारोपहारसत्कृतिः । उपनमतीति शेषः । उपनमतु कामं, सा स्वीक्रियतामिति चेत् तत्राह—कृतापराधस्य जनस्य, सत्कृतिः वधो हि वधाख्यः परमो दण्डः खलु । अतो भृङ्गारसत्कारं प्रतिग्रहीतुं नेच्छामीत्यभिप्रायः ॥ २३ ॥

नेपथ्य इत्यादि ॥

को न्वित्यादि । श्येनपक्षाभिमृष्टानामिति भयदुःखोद्वेगव्यतिकरव्याकुलितत्वद्योतनार्थम् । कुररीणामिव उत्क्रोशाख्यानां शकुनीनामिव । 'सारसानामिव ध्वनिरि'ति क्वचित् पाठः ॥ २४ ॥

भोः ! ज्ञायतां शब्दः ।

काञ्चुकीयः—यदाज्ञापयत्यार्यः । (निष्क्रम्य प्रविश्य) एषा तत्रभवत्यङ्गारवती शोकाभिभूतहृदया प्रासादाच्छरीरं विमोक्तुकामा महासेनेनाभिहिता यथा—क्षत्रधर्मेणोद्दिष्टस्ते दुहितुर्विवाहः । किमिदानीं हर्षकाले सन्तप्यसे । तच्चित्रफलकस्थयोर्वत्सराजवासवदत्तयोर्विवाहोऽनुष्ठीयताम् इति । तत्र हि,

स्त्रीजनेनाद्य सहसा प्रहर्षव्याकुलक्रमा ।
क्रियते मङ्गलाकीर्णा सबाष्पा कौतुकक्रिया ॥ २५ ॥

यौगन्धरायणः—एवं सम्बन्धं मन्यते महासेनः । तेन ह्यानीयतां भृङ्गारः ।

काञ्चुकीयः—गृह्यताम् (उपनयति ।)

भो इत्यादि ॥

यदित्यादि । शोकाभिभूतहृदया वासवदत्ताहरणदुःखाविष्टचित्ता । क्षत्रधर्मेण क्षत्रियोचितेन विधिना, गान्धर्वविधिना । उद्दिष्टः शास्त्रे उपदिष्टः । विवाहः वृत्त इति शेषः । चित्रफलकस्थयोरिति सहितयोरालेख्यास्थातिकथनेन परस्परविस्रम्भपरमकाष्ठा प्रकाशिता । तत्र प्रासादे ।

स्त्रीजनेत्यादि । प्रहर्षव्याकुलक्रमा प्रहर्षेण व्याकुलः भिन्नः क्रमः कार्यपरिपाटी यस्यां सा । मङ्गलाकीर्णा पुष्पचन्दनहरिद्रादिभिर्मङ्गलद्रव्यैः सान्द्रा । विकीर्णमङ्गलद्रव्या वा । आहिताग्न्यादित्वादाकीर्णपदस्य परनिपातः । कौतुकक्रिया क्रियते मङ्गलकर्म अनुष्ठीयते। अनुष्ठानवर्तमानतोक्त्या अङ्गारवत्याः शरीरत्यागसंरम्भान्निवृत्तिर्द्योतिता । एतेन पूर्वोक्तो ध्वनिरङ्गारवतीशोकसंरम्भदर्शनोद्विग्नस्त्रीजनजनित इति बोद्धव्यम् ॥ २५ ॥

एवमित्यादि । एवमिति निश्चये । तेन हि वासवदत्तावत्सराजयोर्विवाहसम्बन्धस्य महासेनानुमतत्वेन हेतुना । भृङ्गार आनीयतां, मत्स्वामिविवाहमहोत्सवाङ्गं संबन्धिना क्रियमाणं भृङ्गारदानसत्कारं स्वीकर्तुं सज्जोऽस्मीत्यभिप्रायः ॥

गृह्यतामिति ॥

भरतरोहकः— भो यौगन्धरायण! किं ते भूयः प्रियमुपहरति महासेनः ।

यौगन्धरायणः—यदि मे महासेनः प्रसन्नः, किमतः परमिच्छामि ।

भो इत्यादि । 'उपहरामीति महासेनः' इति क्वचित् पाठः ॥

यदित्यादि । अतः परं, सवासवदत्तमत्स्वामिप्रत्याहरणानुमोदनाद् अन्यत् प्रियम् ॥

इत्थं नाटिकायाः कथावस्तु परिसमापितम् । इह खलु नायकत्व-कार्यनिर्वाहकत्वाभ्यां वत्सराजयौगन्धरायणयोः प्राधान्यं तावन्मङ्गलश्लोकव्याख्यायामुपपादितम् । कार्यं च प्रद्योतच्छलनाद् वत्सराजस्य परित्राणम् । प्रद्योतो हि सम्राड् वत्सराजमभिलषणीयवरगुणसम्पन्नमविधेयमात्मनो विधेयं विधाय जामातृतां नेतुकामः कदाचिद् गजवशीकारव्यसनवशान्नागवनं गतं कपटनीलहस्तिप्रदर्शनेन च्छलयित्वावजित्य स्वगृहेऽवरुद्धवान् । तच्च परित्राणं छलनस्य चिकीर्षितत्वदशायां वत्सराजनागवनगमनप्रतिषेधेन वा, कृतत्वदशायामवजितवत्सराजप्रत्यानयनेन वा सम्पद्यते । तत्रादिमः परित्राणस्य प्रकारो यौगन्धरायणेन साधयितुं न पारितः, यतो नागवनगमनप्रतिषेधसन्देशस्य प्रेषणं प्रातःकालं कर्तुमुद्युञ्जानोऽसौ श्वःकरणीयत्वेन सङ्कल्पितपूर्वं नागवनगमनं मृगयाचापलाद् वत्सराजेन ह्यः कृतमनर्थोपहितं चाज्ञासीत् । द्वितीयस्तु प्रकारो बहुभिश्छद्मोपायैः साधितः । तदिदं कार्यं प्रति यौगन्धरायणस्य यदौत्सुक्यं 'सालक! सज्जस्त्वम्' (अ. १.) इति सूच्यते, सेयं कार्यस्यारम्भावस्था ।

वत्सराजच्छलनस्य निष्पन्नत्वे हंसकमुखाद् विज्ञाते वत्सराजप्रत्यानयनोपायसिद्धये यौगन्धरायणस्योन्मत्तवेषधारणेन उज्जयिन्यां छन्नवासः, निजगूढपुरुषाणां स्थानस्थानेषु स्थापनं, प्रद्योतपुरुषाणां दानोपधिना स्वायत्तीकरणमित्येवम्प्रायं कर्म कार्यस्य यत्नावस्था भवति ।

प्रयाणसौकर्येऽतिमहता यत्नेन सुविहितेऽपि वत्सराजं वासवदत्ताकामुकतामासाद्य उज्जयिनीतः प्रयातुमनीहमानं विज्ञाय कार्यस्यापायं शङ्कमानेन यौगन्धरायणेन वासवदत्तासहितवत्सराजप्रयाणानुकूलाचरणप्रतिज्ञया कार्यस्य प्राप्तिसम्भवोपपादनात् प्राप्त्याशावस्था कार्यस्य प्रकाशिता ।

वाहनीकर्तव्यभद्रवतीपरिचारक-रथ्यागोपुररक्षकवशीकरणादिकर्मणा निरपायफलप्राप्तिनिर्धारणस्य प्रतिपत्तेर्नियताप्तिलक्षणा चतुर्थी कार्यस्यावस्था द्योतिता ।

(भरतवाक्यम्)

भवन्त्वरजसो गावः परचक्रं प्रशाम्यतु ।
इमामपि महीं कृत्स्नां राजसिंहः प्रशास्तु नः ॥ २६ ॥

(निष्क्रान्ताः सर्वे ।)

चतुर्थोऽङ्कः ।

प्रतिज्ञानाटिकावसिता ।

शुभं भूयात् ।

वत्सराजस्य सह वासवदत्तया कौशाम्बीप्राप्तेर्महासेनानुमोदितायाः सिद्ध्या कार्यस्य पञ्चमी फलागमावस्था परिस्फुटा । पञ्चभिराभिरवस्थाभिरुपाधिभिर्मुखप्रतिमुखगर्भविमर्शनिर्वहणाख्याः पञ्च सन्धय इहानुसन्धेयाः ।

यदस्य कार्यस्य कुक्षिगतं कार्यान्तरं—वत्सराजाय वासवदत्ताप्रदानं नाम, तत्तु महासेनस्य साध्यम्। वत्सराजस्याविधेयस्य सतो विधेयत्वापादनार्थं छलयित्वाग्रग्रहणं, वासवदत्तावीणोपदेशाचार्यीकरणं च तस्य साध्यस्य साधनोपायः, वासवदत्तावत्सराजयोर्गान्धर्वविधिना विवाहनिष्पत्तेश्च तत्सिद्धिरिति महासेनकार्यसिद्धिगर्भीकरणात् कामपि विच्छित्तिं यौगन्धरायणकार्यसिद्धिरस्यां नाटिकायां नीयत इति वेदितव्यम् ।

अल्पं नाटकं नाटिका । ग्रन्थपरिमाणतोऽल्पत्वविवक्षया स्त्रीत्वम् । अत एवास्याः पञ्चसंख्यान्यूनसंख्याङ्कतोपलभ्यते, नाटकस्य पञ्चावराङ्कत्वनियमात् । आह च रसार्णवसुधाकरः—'नाटिका त्वनयोर्भेदो न पृथग् रूपकं भवेत् । प्रख्यातं नृपतेर्वृत्तं नाटकादाहृतं यतः । बुद्धिकल्पितवस्तुत्वं तथा प्रकरणादपि ।' इति ।

अस्यां रसस्तु भेदवीरः, भेदोपायविषयस्योत्साहस्य यौगन्धरायणगतस्य फलवतः सर्वतः प्रतीतेः । यौगन्धरायणस्य शत्रुभिः सह युद्धवर्णनेन प्रतीयमानो युद्धोत्साहो भेदोत्साहस्यैव समग्रकार्यभरसहिष्णोः कार्यशेषसाधने किमपि सौकर्यमाकलयतीति युद्धवीरो भेदवीरस्याङ्गमित्यादिकमूहनीयम् ॥

इत्थं नाटकार्थे परिसमापिते 'प्रशस्तिः शुभशंसनम्, इत्युक्तलक्षणा निर्वहणसन्धिचरमाङ्गभूता प्रशस्तिर्वक्तव्या । तस्याश्च वक्ष्यमाणाया अनुकार्यवाक्यत्वायोगादाह—भरतेति । भरतस्य नटस्यानुकर्तुर्वाक्यं, वक्ष्यमाणमित्यर्थम् ।

प्रशस्तिमाह—भवन्त्विति । गावः सौरभेय्यः । अरजसः निर्दुःखाः, रजश्शब्देन हि तदुद्रेकस्वभावं दुःखमुच्यते । परचक्रं शत्रुसैन्यं शत्रुच्छद्म वा । प्रशाम्यतु । नः राजसिंहः नृपतिश्रेष्ठः । कृत्स्नां समग्राम् । इमां महीं भूमिं । प्रशास्त्वापि । प्रकर्षेण शास्तु च । अपिशब्दः प्रार्थनान्तरसमुच्चयार्थः ॥ २६ ॥

निष्क्रान्ताः सर्वे इति चतुर्थाङ्कपरिसमाप्तिः ॥

प्रतिज्ञायौगन्धरायणव्याख्यानं

सम्पूर्णम् ॥

शुभं भूयात् ॥

श्लोकानुक्रमणी।

वृत्तलक्षणम् ।

'शालिन्युक्ता म्तौ तगौ गोऽब्धिलोकैः ।'

'ननमयययुतेयं मालिनी भोगिलोकैः ।'

'पञ्चाश्वैश्छिन्ना वैश्वदेवी ममौ यौ ।'

'जतौ तु वंशस्थमुदीरितं जरौ ।'

'स्यादिन्द्रवज्रा यदि तौ जगौ गः ।'
'उपेन्द्रवज्रा जतजास्ततो गौ ।' } इत्यनयोरुपजातिः

'रसै रुद्रैश्छिन्ना यमनसभला गः शिखरिणी ।'

'अयुजि नयुगरेफतो यकारो युजि च नजौ जरगाश्च पुष्पिताग्रा।'

'षड् विषमेऽष्टौ समे कलास्ताश्च समे स्युर्नो निरन्तराः ।
'न समात्र पराश्रिता कला वैतालीयेऽन्ते रलौ गुरुः ॥'

'उक्तं वसन्ततिलकं तभजा जगौ गः ।'

'सूर्याश्वैर्मसजस्तताः सगुरवः शार्दूलविक्रीडितम् ।'

नाटिकादिलक्षणम् ।

नाटिका— 'वीरश्शृङ्गारयोरेकः प्रधानं यत्र वर्ण्यते ।
प्रख्यातनायकोपेतं नाटकं तदुदाहृतम् ॥' } अल्पं नाटकमेः नाटिका ।

पूर्वरङ्गः— 'यन्नाट्यवस्तुनः पूर्वं रङ्गविघ्नोपशान्तये ।
कुशीलवाः प्रकुर्वन्ति पूर्वरङ्गः स उच्यते ॥'

नान्दी— 'आशीर्वचनसंयुक्ता नित्यं यस्मात् प्रयुज्यते ।
देवद्विजनृपादीनां तस्मान्नान्दीति संज्ञिता ॥'

सूत्रधारः— 'आसूत्रयन् गुणान् नेतुः कवेरपि च वस्तुनः ।
रङ्गप्रसाधनप्रौढः सूत्रधार इहोदितः ॥

नेपथ्यं— 'कुशीलवकुटुम्बस्य स्थलं नेपथ्यमुच्यते ।'

प्रस्तावना स्थापना वा— सूत्रधारो नटीं ब्रूते मारिषं वा विदूषकम् ।
स्वकार्यं प्रस्तुताक्षेपि चित्रोक्त्या यत् तदामुखम् ॥
प्रस्तावना वा'

शुद्धविष्कम्भः— 'वृत्तवर्तिष्यमाणानां कथांशनां निदर्शकः ।
संक्षेपार्थस्तु विष्कम्भो मध्यपात्रप्रयोजितः ॥
एकानेकगतः शुद्धः'

प्रवेशकः— तद्वदेवानुदात्तोक्त्या नीचपात्रप्रयोजितः । प्रवेशः'

प्रकाशस्वगते— 'सर्वश्राव्यं प्रकाशं स्यादश्राव्यं स्वगतं मतम् ।'

आकाशभाषितं— 'किं ब्रवीष्येवमित्यादि विना पात्रं ब्रवीति यत् ।
श्रुत्वेवानुक्तमप्येकस्तत् स्यादाकाशभाषितम् ॥'

वीररसः— 'विभावैरनुभावैश्च स्वोचितैर्व्यभिचारिभिः ।
नीतः सदस्यरस्यत्वमुत्साहो वीर उच्यते ॥'

विदूषकः— 'विकृताङ्गवचोवेषैर्हास्यकारी विदूषकः ।'

काञ्चुकीयः— 'ये नित्यं सत्यसम्पन्नाः कामदोषविवर्जिताः ।
ज्ञानविज्ञानकुशलाः काञ्चुकीयास्तु ते स्मृताः ॥'

निर्मुण्डकः— 'निर्मुण्डा नामतो ज्ञेयाः कामाविज्ञानवर्जिताः ।'

शुभम्